<国際セミナー>
「デジタル時代の
ドキュメント・デリバリー・サービス」

平成16年12月15日(水)

国立国会図書館関西館　大会議室

メアリー・E・ジャクソン氏
(米国研究図書館協会蔵書・利用プログラム部長)

マット・フレガー氏
(英国図書館セールス・マーケティング部長)

ウーヴェ・ローゼマン氏
(ハノーバー大学図書館／情報技術図書館長)

司会：逸村　裕氏
（名古屋大学大学院情報科学研究科助教授）

デジタル環境下におけるILL,
ドキュメント・デリバリーとその運用基盤

図書館研究シリーズ No. 38

平成17年11月

編集　国立国会図書館

『図書館研究シリーズ』第 38 号の刊行にあたって

国立国会図書館では，平成 14 年度を中心に組織・機構再編を実施し，それまで図書館研究所が実施していた図書館及び図書館学に関する調査・研究について，関西文化学術研究都市に新たに設置された関西館に属する事業部図書館協力課が引き継ぎました。それを機として，本シリーズは体裁を新たにして継続刊行することとなりました。

本シリーズは，昭和 35 年にその第 1 号が刊行され，特集として「閲覧目録の諸問題」が組まれておりました。あとがきには，膨大な目録カードと複雑な排列法に触れて，「近い将来において，大図書館の目録が現在果たしている機能にとってかわり得る機械が実用化されるという予想は今のところなされていない」と述べられております。以来 45 年，目録は機械化され，検索のみならず貸出等のサービスを支える システムとして機能する時代になりました。さらに今日では，これらの目録やサービスがよりよいものとなるよう，公共図書館や国立図書館の間で連携を深め，高度にネットワーク化されつつあります。

そこで本号では，「デジタル環境下におけるＩＬＬ,ドキュメント・デリバリーとその運用基盤」という総合タイトルのもと，総合目録ネットワークに関する記事を 2 件，ドキュメント・デリバリーに関する記事を 1 件，掲載いたしました。

1 件目の「国内公共図書館の相互貸借等に関する調査報告書」は，国立国会図書館総合目録ネットワーク事業の目的のひとつである「公共図書館の県域を越える全国的な相互貸借の支援」に着目し，総合目録と相互貸借の関係の実状について考察を試みています。また，この事業の一環として毎年「総合目録ネットワーク参加館フォーラム」を開催しており，2 件目の「総合目録の現状と今後の方向性」は，第 12 回（平成 17 年 2 月）の開催に際して行われた講演記録です。3 件目の「デジタル時代のドキュメント・デリバリー・サービス：ビジョンと戦略」は，平成 15 年度・16 年度の 2 か年にわたって実施した「電子情報環境下における科学技術情報の蓄積・流通の在り方に関する調査研究」の一環として平成 16 年 12 月に開催された，同名の国際セミナーの記録集となっています。

当館では，図書館の巨大な変化と成長の時代にあって，図書館及び図書館情報学に関する調査研究を一層広く深い視野をもって果たしていきたい所存ですので，よろしくご鞭撻賜れば幸いです。最後に，本誌に掲載された調査研究については，多くの機関・人々にご協力いただきました。末筆ながら，厚くお礼申し上げます。

平成 17 年 11 月

関西館事業部長
西来路　秀彦

目　　次

国内公共図書館の相互貸借等に関する調査報告書

——国立国会図書館総合目録ネットワーク参加館状況調査のまとめ——

目次

（執筆：国立国会図書館関西館事業部図書館協力課総合目録係）

1．調査の背景と目的

国立国会図書館総合目録ネットワーク（以下「NDL 総目」）事業は，国内の公共図書館における図書館資料資源の共有化，書誌サービスの標準化と効率的利用を図るとともに，公共図書館の県域を越える全国的な図書館相互貸借等を支援することを主たる目的として運営されている。平成 9 年度まで，情報処理振興事業協会（現情報処理推進機構：IPA）と国立国会図書館（以下「NDL」）との共同実験として進められた「パイロット電子図書館プロジェクト」のうち，総合目録ネットワークプロジェクトを継承したものである。

参加対象館は，NDL，都道府県立図書館及び政令指定都市立図書館中央館であったが，平成 13 年度から図書館法（昭和 25 年法律第 118 号）の規定に基づく公立図書館又はこれに準ずる機関（ただし 1 自治体 1 館の制限を付した）に拡大し，平成 16 年度には，1 自治体 1 館の制限を撤廃した。また，平成 16 年 12 月 6 日，NDL 総目システムの検索機能をインターネット上に一般公開した。

本総合目録は，NDL，都道府県立図書館及び政令指定都市立図書館中央館がデータ提供館となり，各館が所蔵する和図書の書誌データを機械的に突き合わせて同定し，総合目録データベースを構築する。参加館は総合目録データベースの検索及び検索結果を利用した相互貸借の依頼を行うことができる。平成 17 年 3 月現在，データ提供館は 51 館，事業の参加館は 926 館である。

本参加館状況調査は，平成 13 年度の参加対象館の拡大以降数年を経過したことを受けて，こうした状況の変化が NDL 総目の参加館における相互貸借業務等にもたらした影響を分析・評価し，NDL 総目の今後の展開に資することを目的として実施された。

本報告は，調査結果の概要をまとめたものである。

2．NDL総目事業に関する概念図

2．1　参加館とデータ提供館

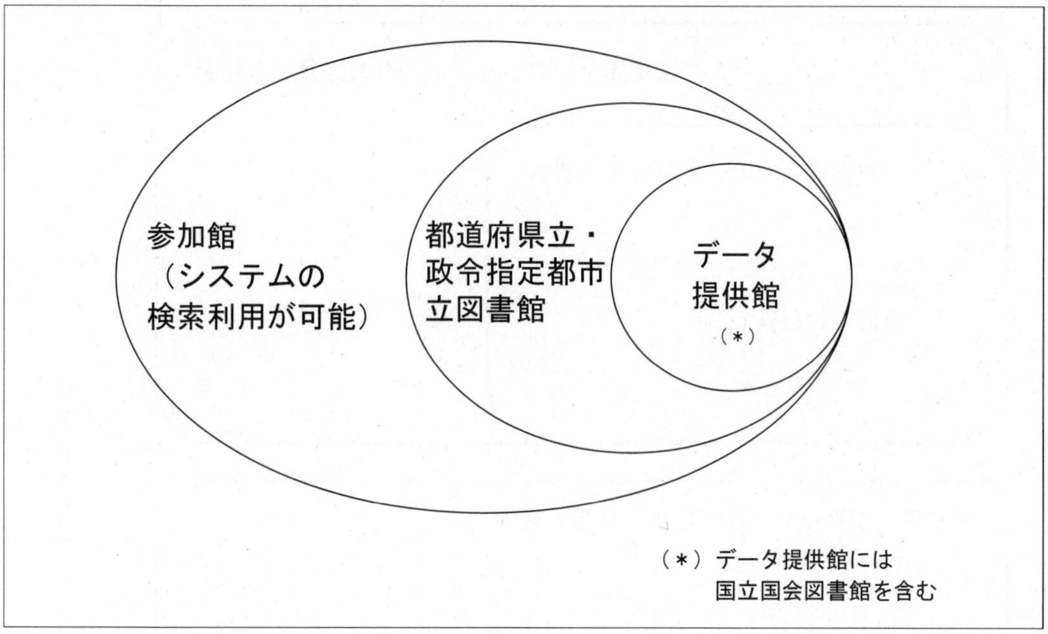

参加館
（システムの
検索利用が可能）
都道府県立・
政令指定都市
立図書館
データ
提供館
（＊）
（＊）データ提供館には
国立国会図書館を含む

2．2　NDL総目システム

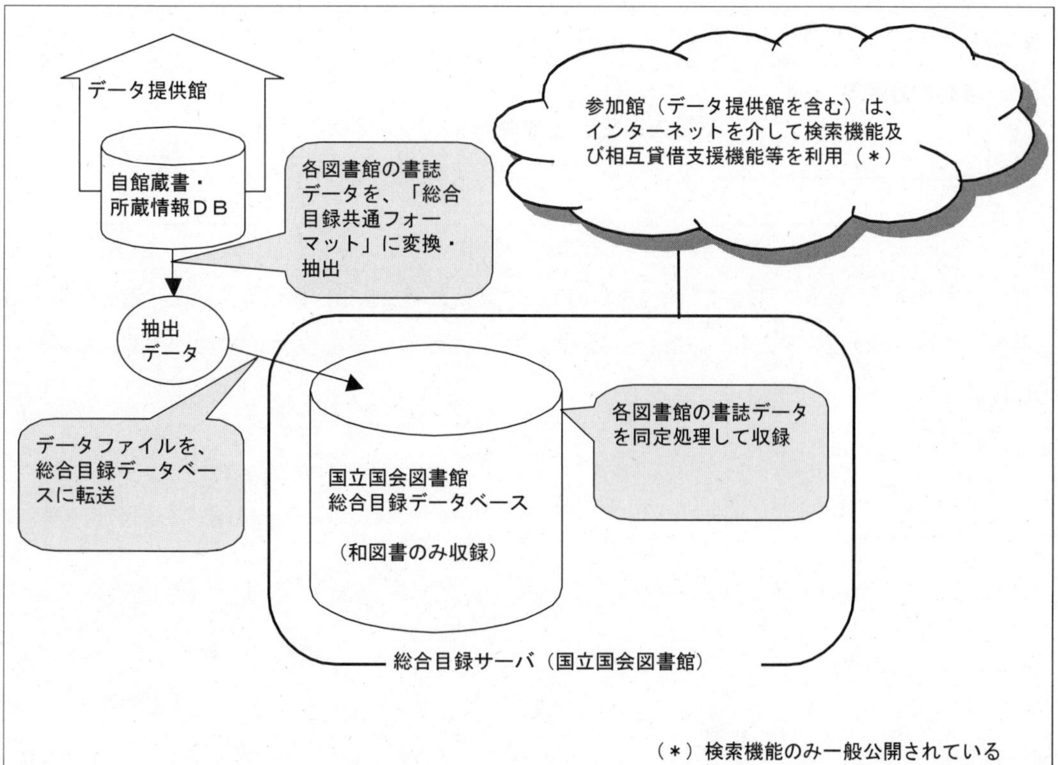

データ提供館
自館蔵書・
所蔵情報ＤＢ
各図書館の書誌
データを、「総合
目録共通フォー
マット」に変換・
抽出
抽出
データ
データファイルを、
総合目録データベー
スに転送
参加館（データ提供館を含む）は、
インターネットを介して検索機能及
び相互貸借支援機能等を利用（＊）
国立国会図書館
総合目録データベース
（和図書のみ収録）
各図書館の書誌データ
を同定処理して収録
総合目録サーバ（国立国会図書館）
（＊）検索機能のみ一般公開されている

２．３　国内公共図書館における相互貸借の依頼順序の考え方

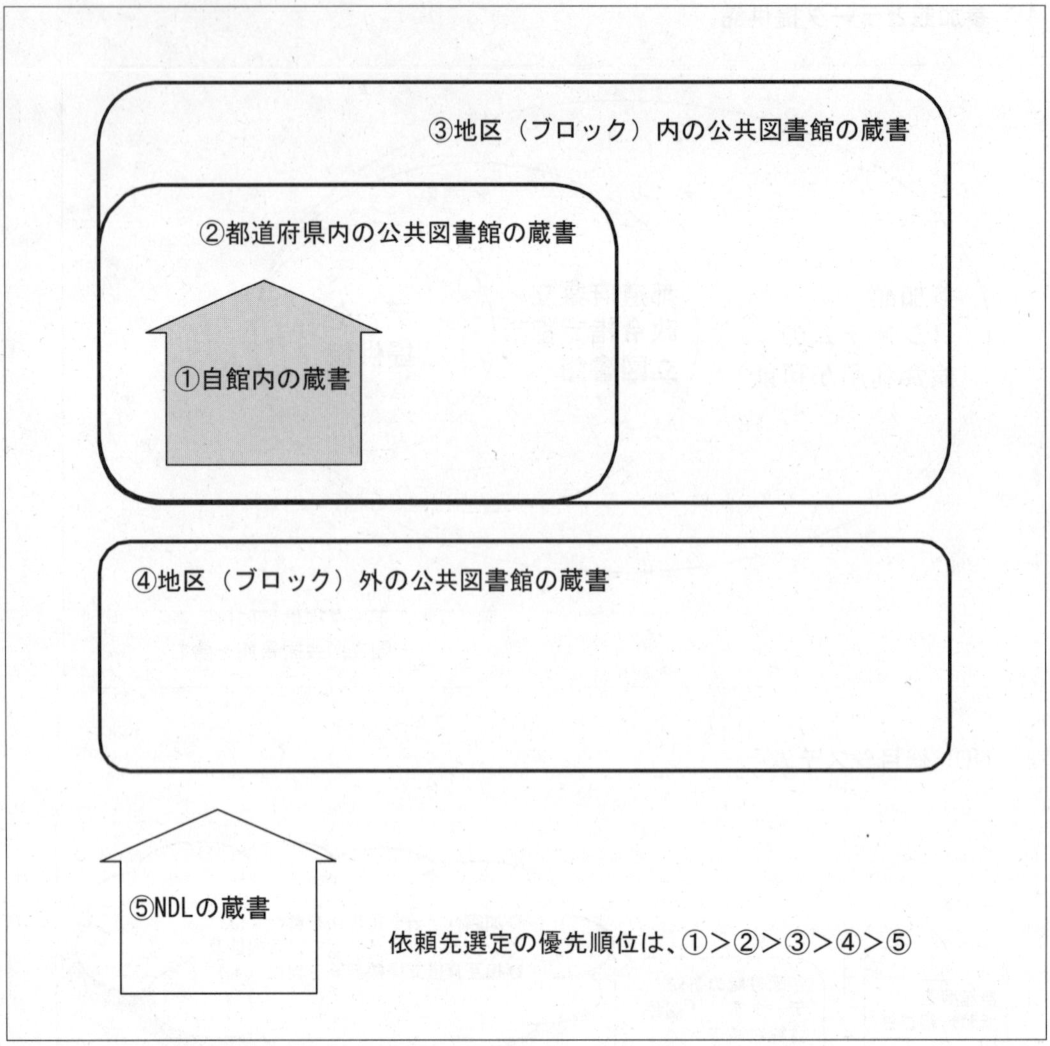

※　「地区」または「ブロック」は，全公図規約別紙三「地区協議会都道府県協議会通則」第２条第２項に基づく別表の「地区協議会名」を指し、北日本，関東，東海・北陸，近畿，中国，四国，九州の７つに区分されている。

３．調査の概要

参加館状況調査は，質問紙に基づくアンケート調査及び統計数値を収集する統計調査の2種類を実施した。各調査の内容及び回答状況は以下のとおりである。

３．１　＜アンケート調査＞

（１）　調査対象：NDL総目参加館のうち，平成14年度現在の都道府県立図書館（55館），政令指定都市立図書館中央館（12館）　計67館

（２）　調査手法：郵送により質問紙を送付し，FAXにより回収した。

（３）　調査期間：平成15年2月10日～平成15年3月14日（回答締切日）

（４）　回答数

館種		配布数	回収数	回収率
都道府県立図書館	データ提供館	39	38	97%
	データ検索館*	16	15	94%
政令指定都市立図書館中央館	データ提供館	5	5	100%
	データ検索館	7	7	100%
合計		67	65	97%

*データ検索館：NDL総目に書誌データを提供していない参加館

３．２　＜統計調査＞

（１）　調査対象：NDL総目の平成14年度現在の全参加館（及び平成15年度新規参加館1館を含む）　計723館

（２）　調査手法：平成15年度の相互貸借統計を第1回（上半期）と第2回（下半期）に分けて回収した。

（３）　調査種別：借受冊数，刊行年別借受冊数，貸出冊数の各統計を回収した。

調査種別		調査対象
借受冊数の月次統計	必須調査	全参加館
刊行年代別借受冊数の月次統計	参考調査	全参加館
貸出冊数の月次統計	参考調査	都道府県立図書館・政令指定都市立図書館中央館

（４）　回収期間：（第1回）平成15年11月28日まで，（第2回）平成16年6月15日まで

（5） 回答数

館種	配布数	第1回		第2回	
		回収数	回収率	回収数	回収率
都道府県立図書館*	55	55	100%	51	93%
政令指定都市立図書館中央館	13	13	100%	12	92%
政令指定都市立図書館分館	108	92	85%	74	69%
市区町村立図書館	547	381	70%	261	48%
合計	723	541	75%	398	55%

*平成15年度新規参加館（滋賀県立図書館）1館を含む

4．国内公共図書館の相互貸借の概況と調査結果との比較

4．1　国内公共図書館の相互貸借の概況

図表1及び2は，国内公共図書館における貸出資料数の経年状況を，フロッピーディスク版『日本の図書館 統計と名簿 1996』から『同　2003』までの統計数値（前年度の実績値）として概観したものである。

図表1「公共図書館の資料貸出関連数値の状況」

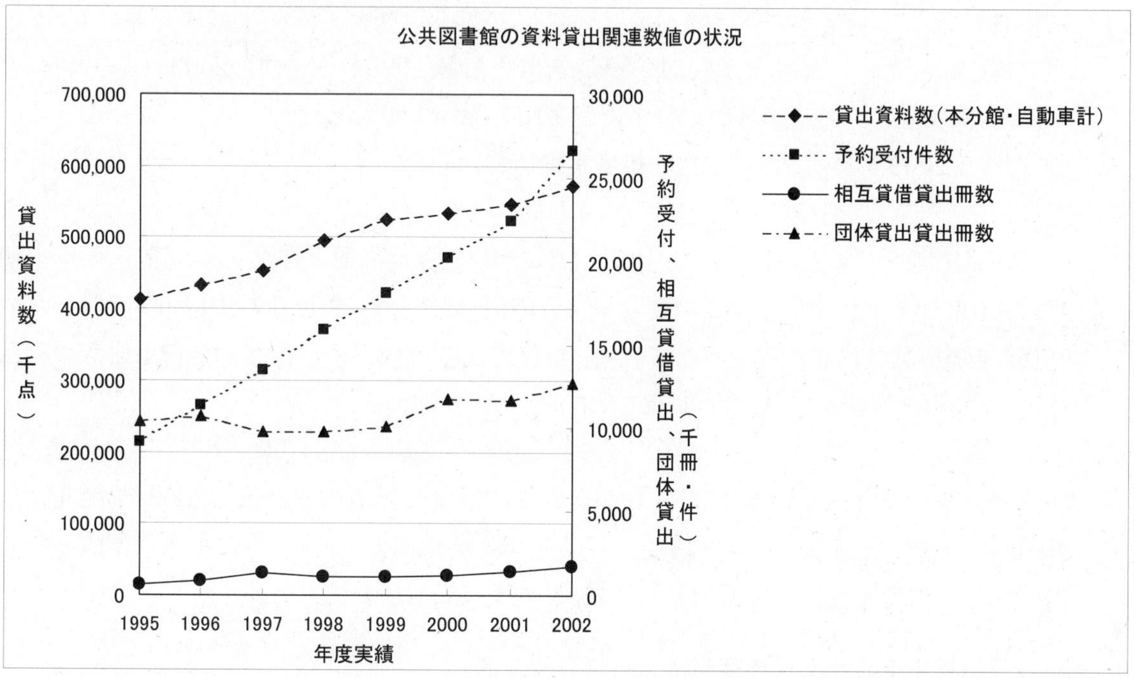

図表2「公共図書館の資料貸出関連数値の状況（年度実績値）」（単位：千点・冊・件）

	1995	1996	1997	1998	1999	2000	2001	2002	伸び率*	2002 割合
貸出資料数（本分館・自動車計）	412,620	433,014	453,486	495,639	524,003	533,038	546,653	571,489	1.4	93.3%
予約受付件数	9,203	11,371	13,458	15,894	18,126	20,187	22,398	26,668	2.9	4.4%
相互貸借貸出冊数	609	884	1,334	1,086	1,126	1,210	1,372	1,722	2.8	0.3%
団体貸出貸出冊数	10,424	10,718	9,819	9,824	10,140	11,713	11,661	12,675	1.2	2.1%
合計	432,856	455,988	478,097	522,443	553,395	566,147	582,085	612,554	1.4	100.0%

（フロッピーディスク版『日本の図書館 統計と名簿 1996』～『同　2003』より作成）

*各年度実績値は，公立図書館から私立図書館を除いて集計した。

*伸び率：2002 年度実績値を 1995 年度実績値で除した。

資料貸出関連の数値は，ここ数年のうちに，年間約 4 億冊・件から 6 億冊・件へ，約 1.4 倍の増加を示している。このうち相互貸借については，貸出冊数で約 60 万冊から約 170 万冊へ，約 3 倍の増加を示している。資料貸出全体に占める相互貸借貸出冊数の割合は，2002 年度実績値で 0.3%（1,721,526 冊）であった。

図表 3 及び 4 は相互貸借統計を 1 館あたりで計算したものである。2003 年度実績は NDL 総目にて実施した＜統計調査＞（以下「＜統計調査＞という」）を元に作成したものである。借受冊数と貸出冊数とも，1995 年度以降増加を続けている。

図表3「相互貸借の状況（年度実績値）」（単位：冊）

年度	1995	1996	1997	1998	1999	2000	2001	2002	2003
借受冊数	585,319	683,768	776,671	937,859	881,853	1,084,076	1,155,339	1,422,841	
（1 館あたり*）	298.2	307.6	336.4	418.3	388.5	470.1	497.6	565.3	710.1
貸出冊数	609,076	884,443	1,333,634	1,086,239	1,126,176	1,209,553	1,372,206	1,721,526	
（1 館あたり*）	310.3	397.9	577.6	484.5	496.1	524.5	591.0	684.0	
相互貸借実施館数	1,963	2,223	2,309	2,242	2,270	2,306	2,322	2,517	

* 統計数値は以下の資料を元に作成した。
1995～2002 年度は，フロッピーディスク版『日本の図書館 統計と名簿』（日本図書館協会）。
2003 年度は，NDL 総目状況調査＜統計調査＞。

* 1995～2002 年度は，公立図書館から私立図書館を除いて集計した。

* 「1 館あたり」：1995～2002 年度は“相互貸借実施”回答館数あたり。2003 年度は有効回答数あたり（第 1 回：537 館，第 2 回：398 館）。

図表４「相互貸借状況（１館あたり）」

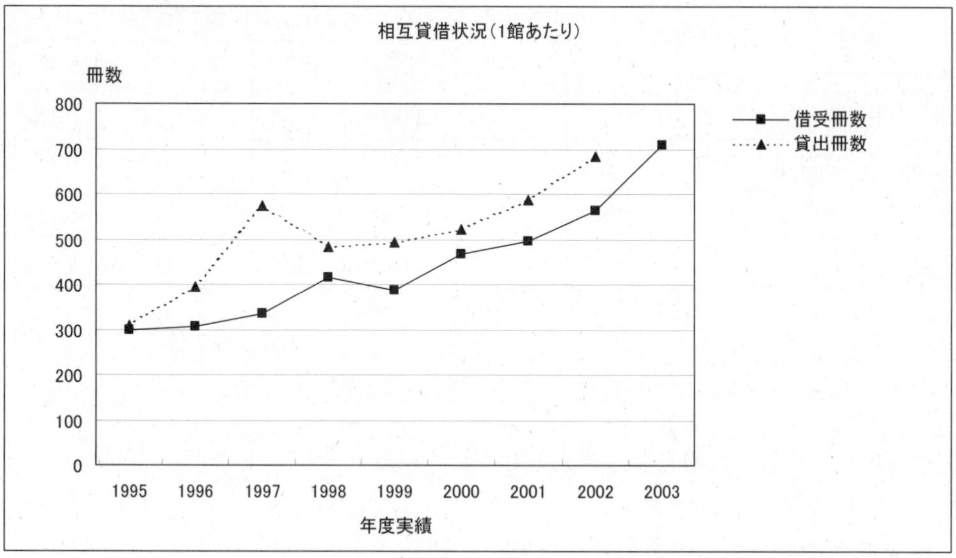

４．２　NDL 総目<統計調査>結果について

<統計調査>は，調査票の回収時期を２回に分けたため，第１回と第２回とで回収数に相違がある。調査結果は，第１回及び第２回の各回収結果を１館あたりの数値に換算し，２回分を合計することにより１年間の値としてあつかうこととした。なお，１館あたりの数値は，内訳や合計をそれぞれの有効回答数で除して求めた。そのため，内訳の合計は図表中の合計（“計” と表記）とは一致しない。

４．３　借受冊数の月次統計（必須調査）

統計数値は，和図書の借受冊数に限定し，同一自治体が設置する分館等の図書館からの借り受けは含めなかった。また，貸出元の種別を①都道府県内，②他県（所属ブロック内），③他県（所属ブロック外），④その他とした。①～③の各種別は，さらに館種として a.都道府県立図書館，b.政令指定都市立図書館，c.市区町村立図書館に細分化した。a.及び b.については，「うち NDL 総目で所蔵情報を得たもの」記入欄を設けた。④その他は，館種として d.NDL，e.その他の館種（大学・専門等）に細分化した。d.については「うち NDL 総目で所蔵情報を得たもの」記入欄を設けた。これを平成 15 年 4 月～9 月（上半期），10 月～平成 16 年 3 月（下半期）の 2 回に分け，各月の数値を回収した。（記入票については，「１１．資料」参照）

図表５「借受冊数の月次統計回収状況」

館種	第１回（対象館数 723）			第２回（対象館数 723）		
	有効	無効	回答率	有効	無効	回答率
都道府県立図書館	55	0	100%	51	0	93%
政令指定都市立図書館中央館	13	0	100%	12	0	92%
政令指定都市立図書館分館	92	0	85%	74	0	69%
市区町村立図書館	377	4	69%	261	0	48%
計	537	4	74%	398	0	55%

※　配布数は，第１回，第２回とも「２．２＜統計調査＞（５）回答数」参照
※　館種ごとの調査対象館数に対する有効回答の割合を回答率とした。
※　有効回答のみを集計の対象とした。
※　数値に逐次刊行物を含む場合等は無効とした。

図表６「借受冊数の統計（１館あたり）」（単位：冊）

館種	貸出元種別				貸出元館種			
	県内	ブ内	ブ外	その他	県立	政令市立	市区町村立	その他
都道府県立図書館	282.8	83.8	66.3	30.6	130.1	35.6	267.1	30.6
政令指定都市立図書館中央館	1,152.4	119.2	80.6	64.6	552.8	128.1	671.4	64.6
政令指定都市立図書館分館	227.1	5.9	8.0	6.8	91.7	17.2	132.1	6.8
市区町村立図書館	792.2	27.0	14.7	12.6	406.7	52.1	375.2	12.6
計	641.4	32.4	21.3	15.1	322.0	45.9	327.1	15.1

※　月次統計の詳細は「１１．資料」参照。
※　館種別１館あたりの数値（第１回の平均値＋第２回の平均値）とした。
※　貸出元種別のうち，“県内”は都道府県内，“ブ内”は所属ブロック内，“ブ外”は所属ブロック外，“その他”はNDL及びその他の館種（大学，専門等）を示す。
※　貸出元館種のうち，“県立”は都道府県立図書館，“政令市立”は政令指定都市立図書館，“市区町村立”は市区町村立図書館，“その他”はNDL及びその他の館種（大学，専門等）を示す。

図表７は，調査結果を館種別１館あたりの数値とし，貸出元種別との関係を示したものである。

図表７「借受館からみた貸出元（種別または館種）とその割合」

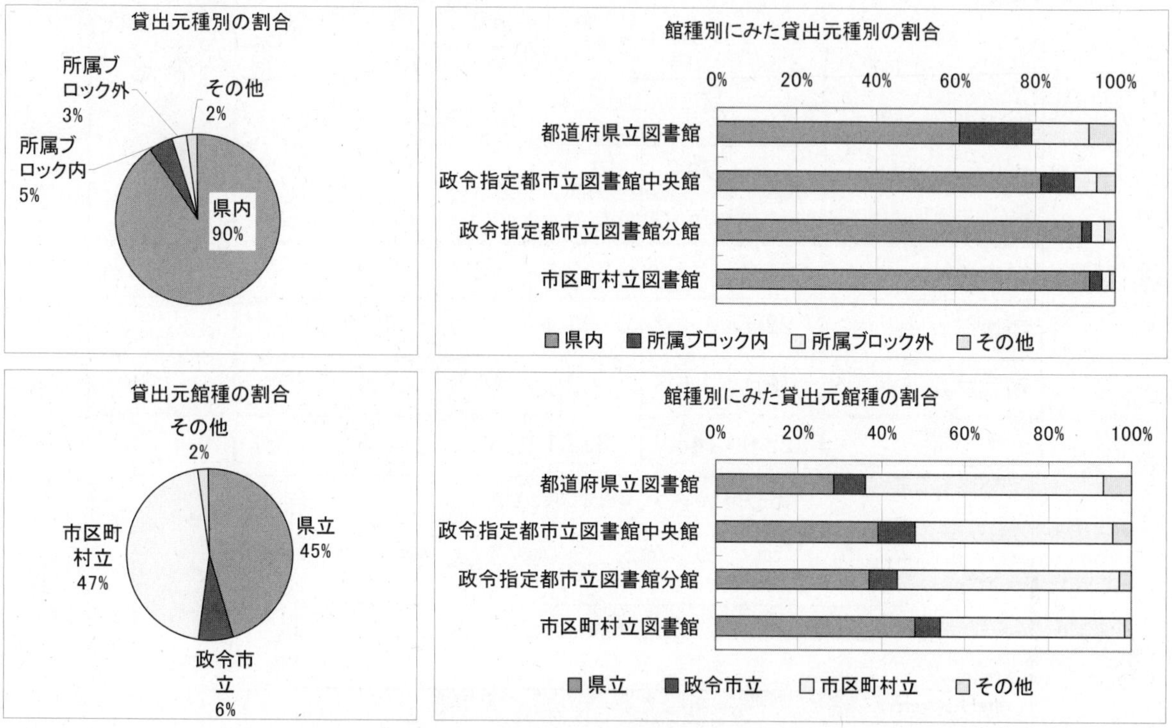

資料の貸出元は，都道府県内が大部分を占め，所属ブロック内，所属ブロック外，その他となるにつれて減少している。都道府県立図書館の貸出元は県内で約 6 割を占めるが，残りの 4 割は所属ブロック内・所属ブロック外・その他からも借り受けている。政令指定都市立図書館中央館では約 8 割，市区町村立図書館では 9 割以上の貸出元が県内となっている。貸出元の館種では，都道府県立図書館と市区町村立図書館でほぼ 2 分されている。館種別にみた貸出元館種の割合は，都道府県立図書館では市区町村立図書館から借り受ける割合が多く，市区町村立図書館では県立図書館から借り受ける割合が多い。政令指定都市立図書館（中央館及び分館）は前二者の中間的な割合を示した。

図表８は，貸出元種別からみた貸出元館種の 1 館あたり借受冊数と割合を示したものである。表中には，NDL 総目で所蔵情報を得たものの 1 館あたり冊数と貸出元種別ごとの割合を示した。

図表８「貸出元種別からみた貸出元館種の１館あたり借受冊数」

貸出元種別	貸出元館種						NDL 総目割合
				うち，NDL 総目で所蔵情報を得たもの			
	県立	政令市立	市区町村立	県立	政令市立	市区町村立	
県内	281.0	42.9	317.5	6.7	1.9	－	1%
所属ブロック内	22.7	2.2	7.4	16.3	1.1	－	54%
所属ブロック外	18.4	0.8	2.1	16.3	0.6	－	79%
計	322.0	45.9	327.1	39.3	3.5	－	6%

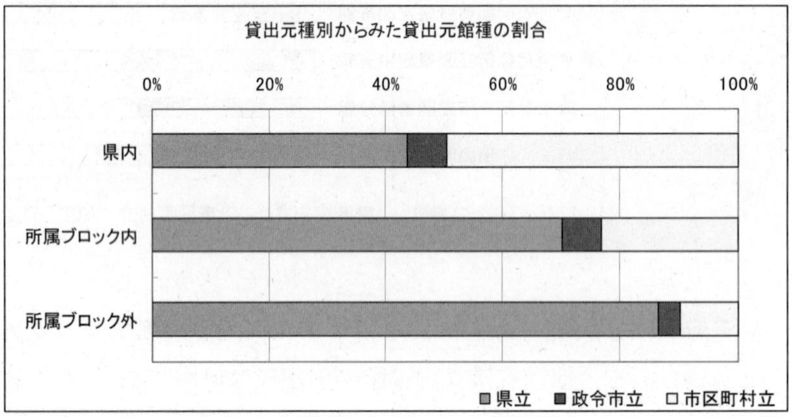

貸出元種別が県内から所属ブロック内，所属ブロック外へ地域的に遠くへ離れるにつれ，貸出元の館種は都道府県立図書館の割合が増加している。NDL 総目で所蔵情報を得たものについては，県内はほとんどなく，所属ブロック内や所属ブロック外で割合が高くなっていることから，県外の所蔵情報の調査に使われている様子がうかがえる。

なお，NDL の所蔵資料については，１館あたり 9.2 冊，うち NDL 総目で所蔵情報を得たものは 6.1 冊であった。平成 15 年度，公共図書館から NDL への NDL-OPAC 経由の貸出申込は，登録館（1,687 館）あたり 3.5 件（合計 5,889 件）であった。申込件数には，複数冊の貸出依頼や貸出不能による謝絶など含むことを勘案すれば、NDL 総目で所蔵情報を得、NDL-OPAC 経由で貸出申込を行なった公共図書館が多く存在したと想像できる。

図表９は，調査結果を館種別１館あたりの数値とし，平成 15 年度（2003 年度）の月次統計を示したものである。

都道府県立図書館及び政令指定都市立図書館分館は，年間を通じてほぼ一定の借受冊数を示した。政令指定都市立図書館中央館は上半期にやや多め（120 冊～140 冊）となり下半期にやや少なめ（100 冊から 120 冊）となる傾向が見られた。市区町村立図書館は月次の統計でも冊数の増加傾向が見られた。

図表９「館種別１館あたり借受冊数の月次統計」

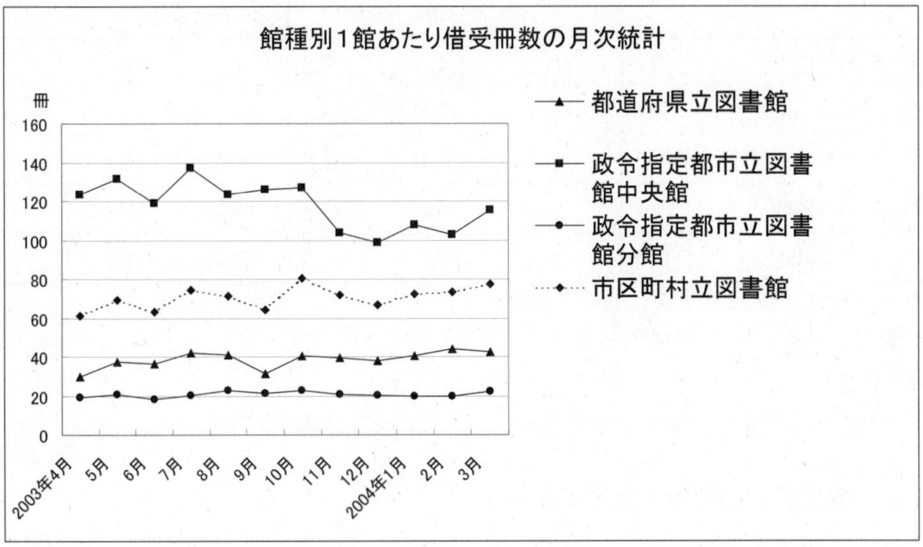

４．４　刊行年代別借受冊数の月次統計（参考調査）

借受資料の刊行年代を①1949 年以前，②1950～1969 年，③1970～1989 年，④1990～1999 年，⑤2000 年～，⑥年代不明とした。これを平成 15 年 4 月～9 月（上半期），10 月～平成 16 年 3 月（下半期）の 2 回に分け，各月の数値を回収した。（記入票については，「１１．資料」参照）

図表１０「刊行年代別借受冊数の月次統計回収状況」

館種	第１回（対象館数 723）			第２回（対象館数 723）		
	有効	無効	回答率	有効	無効	回答率
都道府県立図書館	41	2	75%	39	2	71%
政令指定都市立図書館中央館	5	0	38%	4	0	31%
政令指定都市立図書館分館	58	2	54%	48	0	44%
市区町村立図書館	198	5	36%	159	1	29%
計	302	9	42%	250	3	35%

※　配布数は，第１回，第２回とも「２．２<統計調査>（５）回答数」参照
※　各館種ごと調査対象館数に対する有効回答の割合を回答率とした。
※　有効回答のみを集計の対象とした。
※　全件数が年代不明になっている場合等は無効回答とした。

図表１１「刊行年代別借受冊数の統計（1館あたり）」（単位：冊）

館種	刊行年代					
	～'49	'50 ～'69	'70 ～'89	'90 ～'99	2000～	不明
都道府県立図書館	10.2	24.3	82.3	97.3	86.2	4.8
政令指定都市立図書館中央館	16.5	57.9	260.1	466.6	491.0	16.9
政令指定都市立図書館分館	1.5	5.9	35.8	64.3	81.7	1.6
市区町村立図書館	5.2	18.8	116.8	187.1	194.2	42.3
計	5.4	17.7	98.5	154.9	161.4	28.5

※　月次統計の詳細は「１１．資料」参照。
※　館種別１館あたりの数値（第１回の平均値＋第２回の平均値）とした。

図表１２は，館種別１館あたりの数値とし，刊行年代別の状況を示したものである。

図表１２「借受資料の刊行年代別状況」

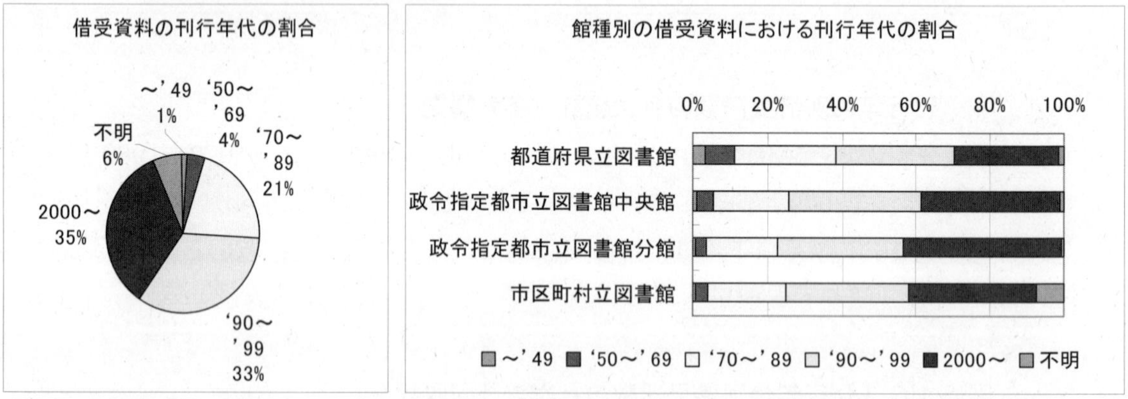

借受資料の刊行年代については，1989年以前の資料で26%，1990年～1999年の資料で33%，2000年以降の資料で35%といった分布を示した。ここ十数年の間に刊行された資料の利用が多い。館種別に割合を取ってみると，都道府県立図書館は各年代とも比較的まんべんなく借り受けている。政令指定都市立図書館（中央館・分館）や市区町村立図書館はここ数年から十数年の間に刊行された資料を借り受ける傾向が見られた。

図表１３は，各年代別１館あたりの数値とし，平成15年度（2003年度）の月次統計を示したものである。

図表１３「刊行年代別借受の月次統計（1館あたり）」

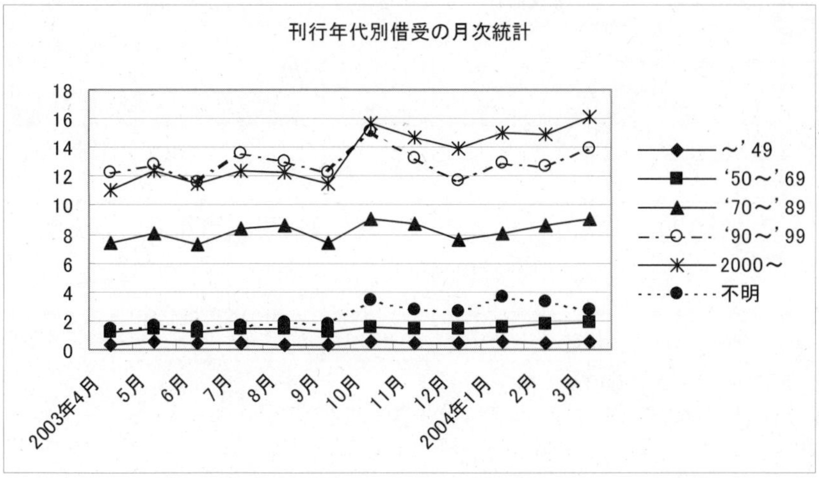

各年代とも年間を通じて大きな上下の変化は見受けられなかった。1990年以降の資料については，わずかに増加傾向が見られた。

4．5　貸出冊数の月次統計（参考調査）

貸出先の種別を①都道府県内，②他県（所属ブロック内），③他県（所属ブロック外），④その他の館種（大学，専門等）とした。①～③の各種別は，さらに館種として a.都道府県立図書館，b.政令指定都市立図書館，c.市区町村立図書館に細分化した。これを平成15年4月～9月（上半期），10月～平成16年3月（下半期）の2回に分け，各月の数値を回収した。（記入票については，「１１．資料」参照）

図表１４「貸出冊数の月次統計回収状況」

館種	第１回（対象館数68）			第２回（対象館数68）		
	有効	無効	回答率	有効	無効	回答率
都道府県立図書館	49	2	89%	45	2	82%
政令指定都市立図書館中央館	9	0	69%	8	0	62%
計	58	2	85%	53	2	78%

※　配布数は，第１回，第２回とも「２．２<統計調査>（５）回答数」参照
※　調査対象館数に対する有効回答の割合を回答率とした。
※　有効回答のみを集計の対象とした。
※　数値に逐次刊行物を含む場合等は無効とした。

図表１５「貸出冊数の統計（1 館あたり）」（単位：冊）

館種	貸出先種別				貸出先館種			
	県内	ブ内	ブ外	その他	県立	政令市立	市区町村立	その他
都道府県立図書館	10618.1	256.5	210.0	1289.7	124.6	270.4	10689.6	1289.7
政令指定都市立図書館中央館	4388.5	158.9	64.6	44.1	201.2	326.0	4084.7	44.1
計	9662.6	241.6	187.7	1099.0	136.4	278.8	9676.7	1099.0

※　月次統計の詳細は「１１．資料」参照。

※　館種別１館あたりの数値（第１回の平均値＋第２回の平均値）とした。

※　貸出先種別のうち，“県内”は都道府県内，“ブ内”は所属ブロック内，“ブ外”は所属ブロック外，“その他”はその他の館種（大学，専門等）を示す。

※　貸出先館種のうち，“県立”は都道府県立図書館，“政令市立”は政令指定都市立図書館，“市区町村立”は市区町村立図書館，“その他”はその他の館種（大学，専門等）を示す。

図表１６は，調査結果を館種別 1 館あたりの数値とし，貸出先種別や貸出先館種との関係を示したものである。

図表１６「貸出館からみた貸出先（種別または館種）とその割合」

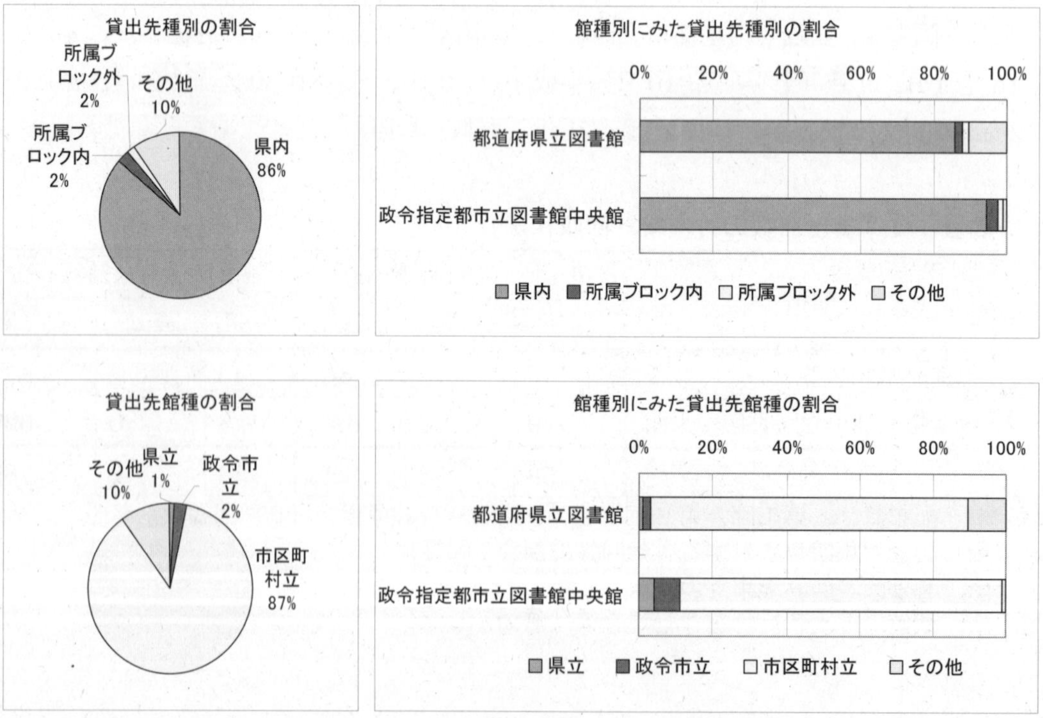

貸出先は，都道府県内がほとんどを占め，所属ブロック内，所属ブロック外となるにつれて減少している。貸出先の館種別割合では，市区町村立図書館が最も多く，次いで都道府県立図書館，政令指定都市立図書館となっている。その他の館種の割合は，貸出冊数の 10%ほど認められた。

図表１７は，調査結果を館種別１館あたりの数値とし，平成 15 年度（2003 年度）の月次状況を示したものである。

図表１７「館種別１館あたり貸出冊数の月次統計」

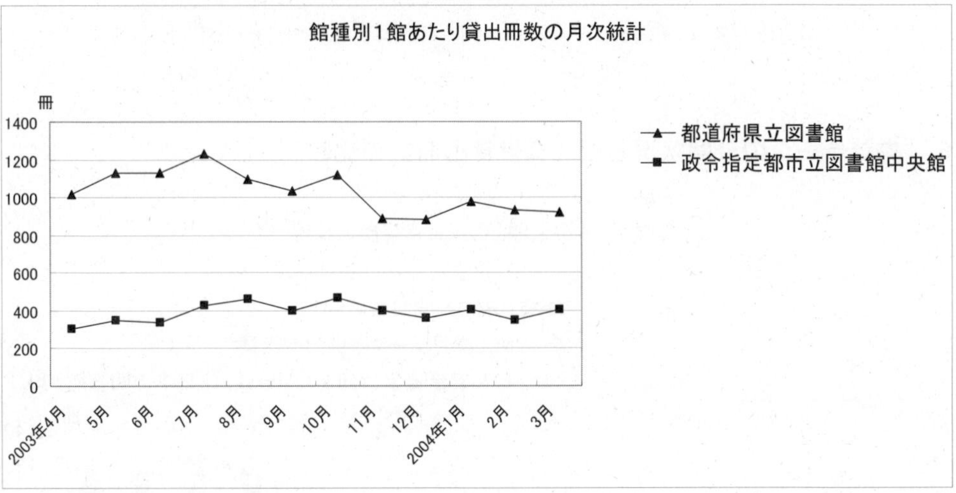

都道府県立図書館は 1000 冊を中心に上下しており，政令指定都市立図書館中央館は 400 冊を中心にほぼ横ばいの傾向が見られる。

４．６　＜統計調査＞結果のまとめ

（１）　館種別１館あたりの借受冊数をみると，ほとんどの借り受けは都道府県内で行われており，他県からの借り受けはわずかであった。貸出元となっている図書館は，都道府県立図書館と市区町村立図書館でほぼ 2 分された。他県からの借り受けには NDL 総目で所蔵情報を得たものの割合が多かった。

（２）　館種別１館あたりの刊行年代別借受冊数をみると，過去 5 年以内，5 年～15 年以内，15 年より以前の資料で借受冊数はほぼ 1/3 ずつの割合を示した。

（３）　館種別１館あたりの貸出冊数をみると，ほとんどの貸出は都道府県内に対して行われており，他県への貸出はわずかであった。貸出先として最も多く占めた館種は市区町村立図書館である。

５．国内公共図書館における情報提供サービスの増加と資料相互貸借の状況

<統計調査>結果として得られた相互貸借冊数や『日本の図書館』等のデータを元に，国内公共図書館の情報提供サービスや相互貸借の状況を考察する。

考察には，適宜，状況調査<アンケート>調査（以下「<アンケート>」という）の結果を利用する（集計結果の詳細は「１１．資料」参照）。

５．１　情報提供サービスの有無と相互貸借（貸出）

図表１８は，<アンケート>結果より OPAC（Online Public Access Catalogue の略）公開館数及び NDL 総目へのデータ提供館数の累積変化を左軸に，『日本の図書館』より<アンケート>対象館種 1 館あたりの貸出冊数を集計し，その変化を右軸においたものである。

図表１８「書誌データの公開状況と相互貸借貸出冊数の比較」

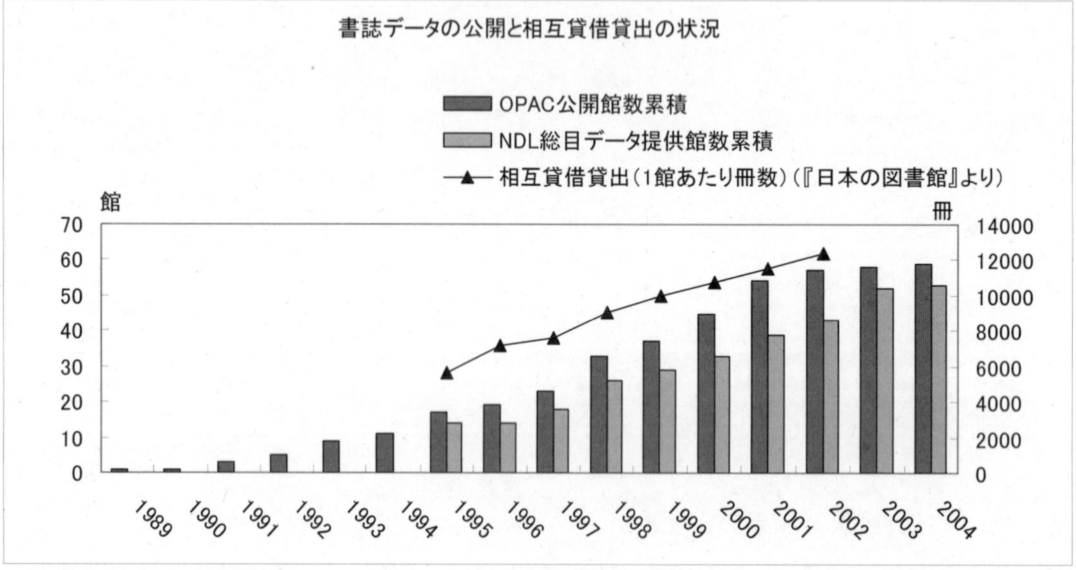

OPAC の公開（2002 年度以降は予定を含む）は徐々に増加し，2002 年度以降はほぼ横ばい（59 館）となる見込みとなった。NDL 総目のデータ提供館数（2002 年度以降は予定を含む）も徐々に増加し，2004 年度には 53 館となる見込みである（実際は 51 館となった。）。<アンケート>対象館種１館あたりの相互貸借貸出冊数は 1995 年度以降，対前年度比で約 10%程度の増加を示した。なお，1995 年度から 2002 年度までの傾向を見る限りでは，OPAC の公開と NDL 総目を通じた書誌データの公開のどちらが相互貸借貸出の増加に影響を及ぼしたのか明確にならなかった。

なお，2002 年度末現在で都道府県立図書館が中心となって作成する県域総合目録は 60%存在し（<アンケート>回答 53 館中 32 館），2003 年度以降は 11 館が構築予定と回

答した。また，市区町村立図書館間で構築されている広域総合目録ネットワークは 29%存在する（<アンケート>回答 51 館中 15 館）。

５．２　図書館員による情報の利用手段

<アンケート>では，OPAC，県域総合目録及び広域総合目録ネットワークの整備が進む中で，都道府県立図書館や政令指定都市立図書館において総合目録以外の県内他館の所蔵確認のための情報交換手段があるか回答を求めた。63%が「ある」と回答し（63 館中 40 館回答），具体的には，電子掲示板（19 館）や WANTED（「探しています」）リスト（15 館）を挙げる館が多かった。

また，市区町村立図書館が県内の他の市区町村立図書館の所蔵を確認する場合にどのような方法が一般的かという質問（複数回答可）には，県域の総合目録の利用（48 館），個別の OPAC 検索（49 館），電話・FAX による問合せ（41 館），県立図書館に問合せ（30 館）を回答する館が多く，全国規模の OPAC 横断検索サイト（15 館）や冊子目録の検索（4 館）はわずかだった。

なお，県域・地域の情報ネットワーク（データベース化された総合目録等）と NDL 総目との関係のあり方について質問したところ，県域総合目録と NDL 総目とを横断検索する仕組み（63 館中 10 館回答）よりも，県域総合目録を調べた後 NDL 総目を調べられる仕組み（63 館中 50 館回答）の方に強いニーズが認められた。

５．３　相互貸借資料の物流

相互貸借統計でも明らかだったように，国内における相互貸借冊数は増加を続けている。OPAC，県域総合目録及び NDL 総目も含めた蔵書検索ツールの数の増加や利用できるデータ量の増加によって，相互貸借冊数も影響を受けているように思われる。その一方で，利用者の要求に応えるためには，資料を実際に運ぶ必要がある。そうしたいわゆる物流に関する項目として，資料の配送手段や送料負担の状況についても<アンケート>において調査した。

５．３．１　相互貸借資料の配送・発送

５．３．１．１　都道府県内

都道府県立図書館や政令指定都市立図書館中央館から県内の図書館への資料の配送手段（複数回答可）は，図書館が運行する協力車（43 館），郵送（24 館），宅配便（28 館），その他（自治体が運行する連絡車 4 館，来館 4 館，など計 11 館）であった。

資料の配送手段に「協力車」と回答のあった館（43 館）に対して，県内の市区町村立図書館側から見た場合の協力車が来る頻度を質問した。回答は，週 1 回（11 館），月 1 回（3 館）その他（頻度，ルートによって異なる等，23 館）であった。その他については，週 2

回（1館），月3回（1館），隔週（6館），月2回（3館），隔月（1館），年6回（1館）年3回（1館），臨時立ち寄り・不定期（各1館）など様々であった。

協力車の運行範囲や市区町村立図書館間の相互貸借への使用状況は（都道府県立図書館への設問），運行範囲については，県域の全てではなく62%（回答数で2,270自治体中1,411自治体へ運行）の範囲をカバーし，市区町村立図書館間の相互貸借についても，81%（回答37館中30館）で協力車による配送支援が行われている。

資料の配送手段に「郵送」と回答のあった館（23館）に対して，資料の発送頻度を質問した。回答は，随時（17館），日を決めて行う（4館），その他（2館）であった。「日を決めて行う」については，週3回～週1回まで様々であった。またその他として緊急時に利用する館もあった。

資料の配送手段に「宅配便」と回答のあった館（28館）に対して，資料の発送頻度を質問した。回答は，随時（11館），日を決めて行う（17館），その他（1館）であった（複数回答館あり）。「日を決めて行う」については，火曜・水曜（計9館），木曜・金曜（計5館），月曜（1館）となった。土曜・日曜の発送はなかった。宅配業者と定期発送契約の有無について回答を求めたところ，有（15館），無（11館）であった。

5．3．1．2　都道府県外

次に，県外の図書館に対する相互貸借資料の配送手段について質問した（複数回答可）。回答は，郵送（62館），宅配便（11館）であった。

「郵送」と回答のあった館に対して発送頻度を質問した。回答は，随時（49館），日を決めて発送する（6館），その他（0館）であった。「日を決めて発送する」は週1回発送が大部分を占めた。

「宅配便」と回答のあった館に対して発送頻度を質問した。回答は，随時（5館），日を決めて発送する（5館），その他（0館）であった。「日を決めて発送する」は週1回発送が大部分を占めた。宅配業者と定期発送契約の有無について回答を求めたところ，有（5館），無（5館）であった。なお，定期発送契約館と定期発送非契約館との間には，随時発送か日を決めて発送かという関係性は見られなかった。

5．3．1．3　配送手段についてのまとめ

配送手段に関しては，都道府県内は協力車の利用が比較的多かったが，郵便や宅配便も良く利用されている。他県との相互貸借では郵便の利用が多かった。配送・発送頻度に関しては，協力車の場合，県域内の事情によってか頻度は様々であった。郵便や宅配便の場合，郵便では随時発送，宅配便では土曜・日曜を除く平日に日を決めて発送といった傾向が見受けられた。

５．３．２　相互貸借資料の送料負担

５．３．２．１　相互貸借（借受）

他の図書館から資料を借り受ける場合の送料負担の状況について回答を求めたところ，県内の図書館から借りる場合は，協力車の利用により無料（35 館），図書館で全額負担（15 館），利用者が全額負担（4 館），その他（15 館）であった。その他は相互負担（7 館）が最も多かった。

他県（所属ブロック内）の図書館から借りる場合について，このうち，送料を全額借受館で負担する図書館から借りる場合は，図書館で全額負担（37 館），利用者が全額負担（17 館），利用者・図書館が片道分ずつ負担（4 館），その他（3 館）であった。送料を相互負担する図書館から借りる場合は，図書館で負担（44 館），利用者が負担（17 館），その他（0 館）であった。

他県（所属ブロック外）の図書館から借りる場合について，このうち，送料の全額を借受館で負担する図書館から借りる場合は，図書館で全額負担（38 館），利用者に全額負担（19 館），利用者・図書館が片道分ずつ負担（3 館），その他（1 館）であった。送料を相互に負担する図書館から借りる場合は，図書館で負担（39 館），利用者に負担（21 館），その他（1 館）であった。

５．３．２．２　相互貸借（貸出）

他の図書館へ資料を貸し出す場合の送料負担の状況について回答を求めたところ，県内の図書館へ貸し出す場合は（複数回答あり），協力車の利用により無料（29 館），貸出館の全額負担（6 館），相互負担（21 館），借受館の全額負担（2 館），その他（13 館）であった。その他は配送予定日以外の発送や緊急時の対応に係る費用負担が挙がっていた。

他県（所属ブロック内）の図書館へ貸し出す場合は，貸出館で全額負担（0 館），相互負担（31 館），借受館で全額負担（29 館），その他（2 館）であった（複数回答あり）。他県（所属ブロック外）の図書館へ貸し出す場合は，貸出館で全額負担（3 館），相互負担（5 館），借受館で全額負担（52 館），その他（1 館）であった。

相互貸借にかかる送料負担の増減については，増加（43 館），減少（2 館），変化なし（11 館），利用者負担のため図書館の負担はない（6 館），不明（1 館）であった。

５．３．２．３　相互貸借の送料負担についてのまとめ

都道府県内の相互貸借（借受）の送料は，協力車の利用により無料または図書館で全額（または相互）負担する場合がほとんどであった。他県から借りる資料の送料は，多くの

館では図書館が負担するが，一部の館では利用者が負担する。都道府県内の相互貸借（貸出）の送料は，協力車の利用により無料または図書館の相互負担が多い。他県への貸出資料の送料は，所属ブロック内であれば相互負担または借受館の全額負担が多く，所属ブロック外は大部分が借受館の全額負担であった。送料負担については多くの館で増加している。

5．3．3　資料利用ルールの有無（県内・地区・地区外）

5．3．3．1　「公共図書館間資料相互貸借指針」について

国内の公共図書館間における相互貸借に関しては，全国公共図書館協議会が定めた「公共図書館間資料相互貸借指針」（平成11年6月23日施行）がある。その目的として，第一条は「この指針は，各公共図書館（以下「図書館」という。）が所蔵する図書館資料（以下「資料」という。）の相互貸借を円滑に行い，図書館奉仕の充実向上を図るために必要な事項を定めるものとする。」と書かれている。以下，指針適用図書館の資格（第二条），指針の適用（第三条），資料相互貸借の原則及び貸借資料の範囲（第四条），借入資料点数（第五条），資料の貸出期間（第六条），資料貸借の手続（第七条），資料の送付（第八条），経費の負担（第九条），資料の利用（第十条），借受館の責任（第十一条），協議機関（第十二条）が定められている。

この指針の内容についてはいくつか条文を引用しておきたい。指針の適用（第三条）では，「この指針は，地区（全公図規約別紙三「地区協議会都道府県協議会通則」第2条第2項に基づく別表の「地区協議会名」をいう。以下「地区」という。）を越える図書館間の相互貸借に適用する。また，貸出館及び借受館双方で合意に達した場合は，その合意の内容によることができる。」とし，地区を越えた相互貸借の指針としている。

資料相互貸借の原則及び貸借資料の範囲（第四条）では，「この指針に基づく資料の相互貸借は，各適用館が平等互恵の精神に則り運営するものとする。」とされ，同条第2項は「この指針に基づく相互貸借資料の範囲は，他の適用館から借り受けをしようとする資料が，自館又は自館が属する都道府県内若しくは地区内の他の公共図書館において，原則として未所蔵の場合のみとする。」と定め，平等互恵の精神に則り運営すること，また都道府県内及び地区内における所蔵調査を行うよう定めている。

経費の負担（第九条）では，「前条で定める資料の貸出し又は返却資料の送付に要する経費は，すべて借受館が負担するものとする。ただし，双方の図書館で合意に達した場合は，この限りでない。」とし，原則として借受館の全額負担とするが，そうでない場合も認める内容となっている。なお，「前条で定める資料」とは，送付する資料のことである。

資料の利用（第十条）では，「貸出館は，あらかじめ貸出資料の利用に関する条件を附すことができる。その場合，借受館は，その条件に従い利用しなければならない。」とされ，同条第2項は「借受館は著作権法を遵守し，貸出しを受けた資料の複製をしてはならない。

ただし，著作権法による保護がない資料で，かつ，貸出館の了承を得た場合には，この限りでない。」と定め，貸出館の利用条件を守ること及び借りた資料の複写を禁じている。

協議機関（第十二条）では，「この指針に定めのない事項及び管理・運営上で疑義が生じたときは，理事会において，協議決定するものとする。」とし，状況の変化にも対応していくことを定めている。

5．3．3．2　地区内または都道府県内に適用される相互貸借規程等の整備状況

以上のような全国的な相互貸借指針のほか，国内公共図書館においては，各地区内や都道府県内に適用される相互貸借関係の方針や手続きを定めた規程等がある。<アンケート>ではそれらの規程等について回答を求めた（都道府県立図書館のみ回答）。

都道府県内の相互貸借に関する方針や手続きを定めた規程等の有無は，ある（46館），ない（6館）であった。所属ブロック内の相互貸借に関する方針や手続きを定めた規程等の有無は（都道府県立図書館のみ回答），ある（43館），ない（9館）であった。都道府県内の相互貸借規程等の整備はほぼ完了している。「ない」と回答した図書館は，ブロック別に，北日本（1館），東海北陸（1館），近畿（3館），中国（1館）であった。所属ブロック内における規程等の整備もほぼ完了しているが，近畿ブロックには規程等がない。

所属ブロック外の図書館との相互貸借に関する「公共図書館間資料相互貸借指針」の適用状況は，適用している（54館），適用していない（8館）であった。「適用していない」図書館は，ブロック別に，北日本（1館），関東（1館）東海北陸（2館），近畿（4館）であった。県外貸出を行わない図書館以外は，独自の手続きまたは適宜の対応を行っている。

貸出依頼の申込様式については，図書館独自の様式のみで受付（2館），図書館独自の様式は存在するがほかの様式でも受付（36館），図書館独自の様式はない（28館）という回答であった。申込様式は限定せず柔軟に対応している状況がうかがえる。様式としては，県内様式，地域ブロック様式，NDL総目様式などが利用されている。NDL総目様式については，データ提供館のうち39館（91%）がNDL総目からの資料貸出依頼を受付けている。

5．3．3．3　相互貸借制度の運用のために

相互貸借制度の円滑な運用を目指して，研修会や連絡会議等の場で都道府県内の市区町村立図書館に相互貸借の規程等を説明する機会を設けているかを質問した。回答は，ある（46館），ない（5館）であった。説明の機会を設けていない場合でも，中央館による業務説明の実施，NDL総合目録ネットワーク研修会への参加，ワーキンググループの立ち上げ，図書館サービスに関わる講習会の中で触れるなど，相互貸借担当者に対しては何らかのかたちで情報を伝える機会が持たれている。説明内容は，主に相互貸借規程の内容や申込手

続（20 館），依頼先の順序（15 館），相互貸借のマナー（9 館）などである。相互貸借の状況や課題（3 館）も説明されている。

６．資料相互貸借の業務状況

６．１　相互貸借の業務体制

協力貸出（都道府県立図書館と県内図書館との相互貸借）に係る業務体制について質問したところ，専従の職員がいる図書館（専従の職員と他の業務と兼務している職員がいる図書館を含む）は少なく（12 館），他の業務と兼任で担当している図書館が多かった（38館）。特に担当者を定めていない図書館も存在する（3 館）。担当者の数は，専従の職員がいる図書館では，最大 11 人・最小 1 人（平均 5.0 人，うち非常勤職員 3.7 人），他の業務と兼任で担当している図書館では，最大 14 人・最小 1 人（平均 2.8 人，うち非常勤職員 1.5 人）であった。相互貸借と兼務している主な業務種別は，閲覧・カウンター業務（21 館），地域図書館支援業務（18 館），参考業務（12 館）であった。

県外図書館（政令指定都市立図書館においては分館を除く他の図書館）との相互貸借に係る業務体制については，専従の職員がいる図書館（専従の職員と他の業務と兼務している職員がいる図書館を含む）はほとんどなく（6 館），他の業務と兼任で担当している図書館が大部分を占めた（58 館）。特に担当者を定めていない図書館は 1 館であった。担当者の数については，専従の職員がいる図書館では，最大 6 人・最小 1 人（平均 3.2 人，うち非常勤職員 2.3 人），他の業務と兼任で担当している図書館では，最大 15 人・最小 1 人（平均 2.9 人，うち非常勤職員 1.9 人）であった。相互貸借と兼務している主な業務種別は，閲覧・カウンター業務（31 館），参考業務（28 館），地域図書館支援業務（12 館）であった。

６．２　相互貸借業務の変化

NDL 総目の市区町村立図書館への参加対象拡大（H13.10）や各図書館ホームページ上での蔵書検索の公開に伴って，相互貸借業務上で生じた（と思われる）変化について，内容とその原因，日頃感じていることについて回答を求めた。

６．２．１　貸出依頼の統計上の変化

「統計上変化は特に認められない」への回答数（分母とする）で，他の回答数（分子とする）を除した値（相対値とする）を取ってみると，①全体的な傾向，②県外の県立図書館からの依頼，③県内の市区町村立図書館からの依頼，④県外（所属ブロック内）の市区町村立図書館からの依頼，⑤県外（所属ブロック外）の市区町村立図書館からの依頼，すべてにわたって「統計上増加傾向」という状況であった（それぞれの相対値は，①5.2，②2.9，③2.1，④1.8，⑤1.6）。特に②県外の県立図書館からの依頼は大きく増加しているように見受けられる。増加傾向の原因については，自館 OPAC の一般公開，NDL 総目へのデータ提供や参加館の拡大などが挙げられている。一方，「統計上減少傾向」という状況は相対値で非常に低かった（それぞれの相対値は，①0.2，②0.1，③0.2，④0.1，⑤0.1）。

６．２．２　業務に係る時間の変化

相互貸借業務にかかる時間について同様に比較すると，大幅な増加傾向にあり（相対値5.0），日常業務を圧迫している状況が読み取れる。増加傾向の原因については，梱包作業や県外からの依頼への対応などが挙げられている。

６．２．３　業務体制の変化

相互貸借業務にかかる人員・体制の質問に対しては,「人員・体制の変更はしていないが,従来の体制では厳しくなっている」（回答 39 館）という状況にある。人員・体制を変更した図書館（9 館）では，人員の増加，担当組織の変更または新設，資料配送の委託などの対応が見受けられた。

６．２．４　業務における困った事例

相互貸借に関する困った事例を質問したところ，主なものは書誌情報の不備（14 件），新刊や購入容易な資料への貸出依頼（13 件），「県内→所属ブロック内→所属ブロック外へ」という依頼順序が守られていないこと（13 件）であった。

６．２．５　相互貸借業務の変化についてのまとめ

相互貸借業務への負担は大きくなっている。図表 1 の資料貸出関係統計の推移において，相互貸借（貸出）冊数で約 2 倍の伸びを示していることと，多くの館では人員・体制の変更を行っていない状況から，現在の厳しい業務状態に至った経緯を想像することができる。しかし，既に人員・体制を変更している館もあることから，「変えられない」わけではなく変化にどう対応するかが求められている状況であるとも考えられる。

＜統計調査＞の結果をもとに，＜アンケート＞対象館の貸出冊数から，担当職員 1 人あたりの処理冊数を集計すると図表１９のようになった。

図表１９「相互貸借（貸出）に係る１人あたり処理冊数」（年間）

＜統計調査＞より*1	1 館あたり貸出冊数	11,190.9 冊/館
＜アンケート＞より*2	相互貸借担当職員数	166 人
	1 館あたり担当職員数	3.3 人/館
担当職員 1 人あたり処理冊数		3,391.2 冊/人

*1　＜統計調査＞における 1 館あたり貸出冊数
*2　＜アンケート＞Ⅱ－３の回答より集計

担当職員 1 人あたり年間約 3,400 冊の相互貸借（貸出）処理を行いつつ，多くの館では他の業務との兼任（閲覧・カウンター業務，参考業務，地域図書館支援業務など）で実施している状況とを考え合わせると，処理体制の検討を要する時期が訪れてきたのではないかと想像することもできる。

7．NDL 総目と資料相互貸借

ここでは，借受冊数と他の状況との関連から，NDL 総目と相互貸借の関係について考察する。

7．1　OPAC 公開状況及び NDL 総目へのデータ提供と相互貸借（借受）との関係

図表２０は，<アンケート>結果より OPAC 公開館数及び NDL 総目へのデータ提供館数の累積変化を左軸に，<統計調査>より 1 館あたりの借受冊数を集計し，その変化を右軸においたものである。

図表２０「書誌データの公開状況と相互貸借借受冊数の比較」

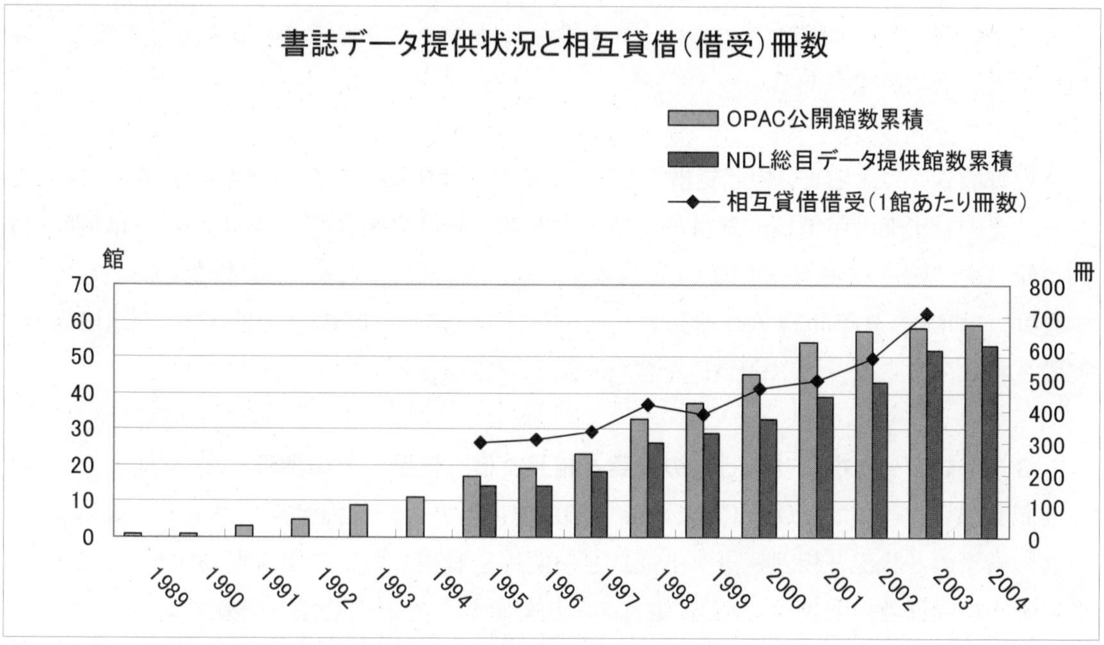

※　OPAC 公開館数及び NDL 総目データ提供館数の 2002 年度以降は予定を含む。
※　相互貸借借受（1 館あたり冊数）は図表 3 の数値を使用。

相互貸借（借受）冊数は，1995 年度以降増加傾向を示し続けている。2001 年度は NDL 総目の参加対象を市区町村立図書館（1 自治体 1 館の制限を付した）へ拡大した時期にあたるが，借受冊数の推移を見る限りでは大きな変化は見受けられない。

7．2　県域・地域ネットワークと相互貸借（借受）との関係

OPAC や NDL 総目以外にも，相互貸借（借受）冊数に影響を及ぼす要因として考えられるのは，県域または地域の情報ネットワークにおける書誌データの公開状況である。現在の構築状況は，県域の総合目録については 60%（32 館），市区町村立図書館同士によって構築されている広域の総合目録については 29%（15 館）の県立図書館から「構築している」

と回答があった。

特に県域ネットワークでは，①集中型（21 館）または分散型（12 館）のいずれかの方式で検索システムが構築されていること，②参加館の範囲を公共図書館に限定していないこと（館数の合計：公共図書館 2,010 館，公民館図書室 184 館，大学図書館 43 館，その他 49 館)，③データ提供館は公共図書館を主軸としつつ大学図書館やその他の図書館も含めていること（館数の合計：公共図書館 1,801 館，公民館図書室 52 館，大学図書館 31 館，その他 41 館)，④参加館数は 100 館までのものが多いこと（1~50 館： 16 館回答，51~100 館： 11 館回答，101 館以上：5 館回答)，⑤収録対象資料は一般書（23 館回答）と郷土関係図書（28 館回答）以外にも行政資料（22 館回答)，外国語図書（21 館回答)，逐次刊行物（18 館回答）及び視聴覚資料（13 館回答）なども収録していること，⑥誰でも利用できること（26 館)，⑦参加館はデータベースの検索だけでなく相互貸借の依頼を行えること（18 館）などの点に特徴がある。

＜統計調査＞によると，相互貸借（借受）の貸出元は圧倒的に都道府県内が多く（90%)，さらにその貸出元の館種別内訳は約半数ずつを都道府県立図書館（約 40%）と市区町村立図書館（約 50%）で占めている。県域ネットワークの構築状況やその特徴とあわせて推測すれば，1 館あたり年間約 700 冊発生した相互貸借（借受）冊数の大部分は，都道府県内に整備されたネットワーク（OPAC を含む）により処理されていると考えられる。

７．３　書誌データ提供サービスの充実と相互貸借（借受）との関係

前記２項目を通じて，OPAC の公開，NDL 総目へのデータ提供及び県域・広域ネットワークの構築の各状況と相互貸借（借受）との関係を概観した。結果を要約すれば，2001 年度以降の借受冊数の増加は，NDL 総目の参加対象館の拡大の時期と一致することからその影響を推測できるが，上記借受冊数の分布と都道府県内における借受冊数のうち NDL 総目で所蔵情報を得たものは 1.3%（8.6 冊）であったことから（図表８)，冊数増加要因は OPAC 公開を含む都道府県内のネットワーク整備による部分が最も大きいのではないかと考えられる。

７．４　書誌データ提供サービスの充実と相互貸借（貸出）との関係

＜統計調査＞において調査対象を限定して行った結果であるが，相互貸借（貸出）についても書誌データ提供サービスとの関係を考察する。

書誌データ提供サービス（OPAC 公開及び NDL 総目へのデータ提供）の変化と相互貸借（貸出）冊数の変化は，図表１８のとおりである。相互貸借（借受）と同様に，貸出先種別と貸出先館種の分布を見ると，都道府県内の市区町村立図書館への貸出冊数は約 90%を占めた。調査結果から状況を推測すれば，相互貸借（借受）と同様に，相互貸借（貸出）

についても，都道府県内のネットワーク整備によって相互貸借が活発化していると考えられる。

7．5　NDL 総目と相互貸借との関係

＜統計調査＞では，相互貸借（借受）冊数について，「うち NDL 総目で所蔵情報を得たもの」の把握を試みた。結果は図表２１のとおりであった。

図表２１「相互貸借（借受）冊数のうち NDL 総目で所蔵情報を得たものの分布」

貸出元種別		１館あたり借受冊数		
			うち NDL 総目で所蔵情報を得たもの	割合
都道府県内	都道府県立図書館	281.0	6.7	2.4%
	政令指定都市立図書館	42.9	1.9	4.4%
	市区町村立図書館	317.5	－	－
他県（所属ブロック内）	都道府県立図書館	22.7	16.3	71.8%
	政令指定都市立図書館	2.2	1.1	46.9%
	市区町村立図書館	7.4	－	－
他県（所属ブロック外）	都道府県立図書館	18.4	16.3	88.6%
	政令指定都市立図書館	0.8	0.6	73.4%
	市区町村立図書館	2.1	－	－
その他	NDL	9.2	6.1	66.1%
	その他（大学，専門等）	5.8	－	－
合計		710.1	48.9	6.9%

上記の結果は，他県または NDL からの相互貸借（借受）に関して「NDL 総目で所蔵情報を得たもの」の割合がきわめて高いことを示している。これは NDL 総目の事業目的の１つに掲げる「県域を越えた相互貸借支援」として捉えることができる。また参加館各館の視点からは，「公共図書館間資料相互貸借指針」（平成 11 年 6 月　全国公共図書館協議会）の「資料相互貸借の原則及び貸借資料の範囲」（第四条）に示された理念の理解と業務を通じた実践という制度運用上の成果としても捉えられる。

８．その他の調査結果

本報告においては特に触れなかったその他の調査結果について概要を紹介する。

８．１　研修会・勉強会の実施について（<アンケート>より）

平成 14 年度に都道府県立図書館及び県域・所属ブロック域等で開催した，図書館職員を対象とする研修会や勉強会・連絡会議等について，研修会等名称，内容及び参加対象を質問した。四半期ごとの件数は以下のとおり。

図表２２「図書館員を対象とした研修会や勉強会・連絡会議等の開催状況（平成 14 年度）」

都道府県名	開催時期と回数				合計
	4 月～6 月	7 月～9 月	10 月～12 月	1 月～3 月	
北海道	1	2	1	0	4
青森県	1	1	1	2	5
岩手県	1	1	1	0	3
宮城県	3	1	2	0	6
秋田県	0	1	0	0	1
山形県	2	1	3	0	6
福島県	8	4	6	3	21
茨城県	2	2	0	0	4
栃木県	2	0	2	1	5
群馬県	4	2	3	3	12
埼玉県	1	1	0	3	5
千葉県	9	5	6	3	23
東京都	10	5	17	14	46
神奈川県	1	2	3	1	7
新潟県	2	2	4	1	9
富山県	0	1	2	1	4
石川県	3	1	4	3	11
福井県	1	1	0	1	3
山梨県	3	2	3	2	10
長野県	1	1	2	0	4
岐阜県	1	1	3	2	7
静岡県	6	5	4	0	15
愛知県	0	0	3	3	6
三重県	0	1	4	5	10

都道府県名	開催時期と回数				合計
	4月～6月	7月～9月	10月～12月	1月～3月	
滋賀県*	―	―	―	―	―
京都府	1	1	0	1	3
大阪府	3	6	5	7	21
兵庫県	3	4	8	5	20
奈良県	0	1	5	1	7
和歌山県	1	0	0	1	2
鳥取県	2	4	3	2	11
島根県	0	0	0	2	2
岡山県	0	0	5	3	8
広島県	0	0	4	4	8
山口県	1	2	3	1	7
徳島県	1	1	1	1	4
香川県	0	1	2	2	5
愛媛県	1	1	2	1	5
高知県	2	1	3	0	6
福岡県	6	9	5	1	21
佐賀県	0	0	1	1	2
長崎県	0	0	3	0	3
熊本県	1	2	0	1	4
大分県	1	2	0	2	5
宮崎県	0	1	2	3	6
鹿児島県	1	1	0	0	2
沖縄県	1	3	2	2	8
合計	87	83	128	89	387

*滋賀県立図書館は平成15年度に参加館となったため。

8．2　NDL総目の参加資格について（<アンケート>より）

NDL総目事業への市区町村立図書館分館の参加について質問したところ，賛成（42館），時期尚早（15館），反対（5館）という回答であった。なお，責任体制の確保，相互貸借のルールやマナーの遵守を参加の条件とすべきといった指摘も見受けられた。

図書館法に基づかない公立図書館の参加について質問したところ，資料の貸借において責任が持てる体制の公立施設（図書館）の参加のみ認めるべき（39館），自治体に公立図書館未設置の場合に限り，公民館図書室の参加を認めてもよい（11館），「図書館」または「図書館に準ずる施設」以外には，将来の一般公開時に検索のみ可能とすべき（7 館），公民館図書室の参加を全面的に認めてもよい（2 館），厳密に「図書館法」適用施設の参加に限定すべき（1 館）という回答であった。

図書館法に基づく公立施設であっても，資料の貸借に責任を持てる体制かどうか，相互貸借のルールやマナーを遵守することができるかどうか，を参加要件の目安とすべきことが分かる。加えて公立図書館未設置の場合は公民館図書室の参加を認めても良いとする回答も多かった。NDL 総目の参加対象の範囲は，公共図書館までとする意識が感じられる。

８．３　NDL 総目の一般公開について（＜アンケート＞より）

NDL 総目の一般公開の是非について質問したところ，賛成（32 館），時期尚早（23 館），反対（6 館）という回答であった。賛成が回答数の過半数となった（52%）。各館または各県域における書誌データの公開が一般化している状況からか，NDL 総目の公開について明確に反対の立場を取る館は少なかった。ただし，賛成の条件，時期尚早や反対の理由からは，相互貸借に関わるルール・マナーの周知徹底の必要性，データ提供館の増加，県域における総合目録や業務体制の整備，資料送受に係る費用の問題など，公共図書館における相互貸借や NDL 総目事業に関わる重要課題が指摘された。

9．公共図書館の相互貸借とNDL総目事業の今後の課題

都道府県立図書館及び政令指定都市立図書館中央館のOPACあるいは県域の総合目録による書誌データの公開状況はめざましいものがある。その一方で，相互貸借業務については負担を感じている図書館が多い。全国規模の統計からも相互貸借（貸出）冊数は増加し続けていることが分かる。＜アンケート＞によると都道府県立図書館や政令指定都市立図書館中央館の相互貸借業務は，平均3人を配置し（職員1人，非常勤職員2人），担当者はカウンターや参考業務などと兼任している。

貸出関係の統計全体から見ると相互貸借（貸出）冊数はわずか0.3%ではあるが，業務遂行上の負担の蓄積は大きくなっている可能性がある。実際に，①資料送受に係る費用の問題，②図書館間の相互貸借のルールやマナー遵守に関する問題，③加えて図書館や個人利用者からの問合せ対応の問題などを抱えている。NDL総目事業は，その主な目的を「国内の公共図書館における…」と定めていること，また＜アンケート＞において，業務上の負担感の原因の中に「NDL 総目へのデータ提供」を挙げる館も見受けられたことなどから，前述の①～③問題とは無関係ではないと考えられる。ここに若干のコメントを付すこととしたい。

9．1　資料送受に係る費用の問題について

インターネットを通じた情報提供サービスの充実に伴い，利用者は様々な情報源から求める資料や情報を探せるようになっている。また，公共図書館の貸出関係統計は増加傾向を示していること，一方で図書館の資料購入費は増加よりもむしろ減少傾向にあることを考えあわせると，利用者の身近な図書館において要求を満たせない時に相互貸借の要求となってあらわれる場合も増してくると思われる。

そうした変化の中で過去と現在，そして未来にわたって課題となるのは，資料送受に係る費用への対応である。公共図書館間資料相互貸借指針（地区を越える相互貸借に適用される）では，経費の負担（第九条）を「前条で定める資料の貸出し又は返却資料の送付に要する経費は，すべて借受館が負担するものとする。ただし，双方の図書館で合意に達した場合は，この限りでない。」とされている。

＜アンケート＞結果からは，相互貸借の借り受けについて，都道府県内から借り受ける場合の経費は，ほとんどの回答館で図書館において負担していた。所属ブロック内・外から借り受ける場合は，約7割の回答館で図書館において負担し，約3割の回答館で利用者に送料の支払いを求めていた。そして資料送受に係る費用については，ほとんどの回答館で増加の傾向にあった。こうした状況は，公共図書館の経営に変化をもたらす機会として活かされることが必要になってきていると考えられる。

９．２　図書館間の相互貸借のルールやマナー遵守に関する問題について

公共図書館間資料相互貸借指針では，資料相互貸借の原則及び貸借資料の範囲（第四条）第2項において，「この指針に基づく相互貸借資料の範囲は，他の適用館から借り受けをしようとする資料が，自館又は自館が属する都道府県内若しくは地区内の他の公共図書館において，原則として未所蔵の場合のみとする。」とされている。これに，NDL 図書館間貸出制度の考え方（「資料の最後の拠り所」）を組み合わせると，国内公共図書館間における相互貸借依頼順序の基本的な考え方となる。ある館が他館の資料を利用したいと考えた場合は，相互貸借依頼順序の基本的な考え方を道しるべとしながら，利用者の要望と各館における資料利用ルール，都道府県内の相互貸借ルール及び地区内の相互貸借ルールを勘案して依頼等を行なうこととなる。＜アンケート＞結果から，相互貸借に関する困った事例の主なものは，書誌情報の不備（14件），新刊や購入容易な資料への貸出依頼（13件），「県内→所属ブロック内→所属ブロック外へ」という依頼順序が守られていないこと（13件），であったように，公共図書館間の相互貸借のルールやマナーを守らない（または守れない）例は依然として存在している。

９．３　図書館や個人利用者からの問合せ対応の問題について

国内図書館の蔵書目録や総合目録等の検索サービス公開の動きは，図書館の業務・サービスにとって歓迎すべきものである。一方で情報を入手した図書館や利用者からの連絡・問合せ件数及び相互貸借件数等にどのような影響を及ぼすのかという業務上の懸念を生んでいる。公共図書館では，地域に「在勤・在学・在住」する人々をその利用者とし，それ以外の人々については，その地域に関する調査相談（レファレンス）の受付窓口のみ設置する場合が多くみられる。他館の所蔵資料の利用相談については，相互貸借のルールやマナーの観点から，利用者が普段利用している最寄りの公共図書館を通じて受付けている場合が多い。一般に総合目録は，資料に関する情報（書誌情報）と資料の所在に関する情報（所蔵情報）を扱うため，所蔵館名は相談先と思われがちである。しかし前述のように，公共図書館の他県からの資料利用においては，最寄りの公共図書館を相談窓口に想定しているため，利用者との間に認識の齟齬を生んでしまう場合がある。利用者と図書館の双方にとって分かりやすい相互貸借制度の運用努力が必要と考えられる。

９．４　NDL 総目事業の今後の課題について

平成16年12月にNDL総目システムの検索機能を一般公開したことは，NDL総目事業にとって大きな状況の変化である。先に挙げた公共図書館の相互貸借に関する問題とも関連しながら，検討すべき課題がある。

９．４．１　データ提供対象館の範囲に関する課題について

現在のNDL総目事業の参加対象は，図書館法に基づく公共図書館または国立国会図書館

長が総合目録ネットワーク事業の遂行上特に必要があると認める図書館とし，データ提供対象館は，NDL，都道府県立図書館及び政令指定都市立図書館に限定している。このため，平成17年3月現在，926館の参加館が51館の和図書の書誌データを検索し，県域を越えた相互貸借の依頼を行っている状況にある。なお，平成17年3月現在のNDL総目事業のデータ提供対象館（NDL，都道府県立図書館及び政令指定都市立図書館中央館）は70館である。『日本の図書館：統計と名簿 2004』（日本図書館協会）によると，国内の公立図書館は約2,800館存在する。NDL総目事業では，参加館数が増えれば増えるほど，相対的なデータ提供館数は少なくなっていく構造になっている。

県域を越えた相互貸借（貸出）の状況を，＜統計調査＞結果を元に算出すると，データ提供館では1館あたり年間約500冊，データ提供していない図書館では1館あたり年間約200冊となった。この差は，NDL総目事業の主な目的である，「国内の公共図書館における図書館資料資源の共有化，（中略）公共図書館の県域を越える全国的な図書館相互貸借等を支援すること」に多少なりとも寄与した数値と評価できる。一方で，この程度の差にしかならなかった原因は，データ提供館が，相互貸借（貸出）冊数の増加傾向による図書館の資料送受に係る経費の問題，相互貸借のルールやマナーを守らない（または守れない）図書館の問題，図書館や個人利用者からの問合せ対応の問題などを抱え，また前述した相対的なデータ提供館数の少なさというNDL総目事業の構造上の問題とあいまって，貸出依頼の受付けを厳しくするなどの対策を余儀なくされたためとも考えられる。

９．４．２　NDL総目事業の事業計画策定に関する課題について

データ提供対象館の範囲に関する課題は，NDL総目事業ばかりでなく，公共図書館の相互貸借に関する課題の多くについても，解決の道を開くものではないかと考えられる。パイロット電子図書館プロジェクト報告書の刊行から約10年間取組み続けた一般公開という課題は達成された。次の10年間はデータ提供対象館の範囲の課題に取り組む段階へと移りつつある。再度NDL総目事業の目指す姿を描き出し，少しずつでも課題の達成に向けて進めていく必要があると考えられる。

１０．参考文献

- 『総合目録ネットワークの発展に向けて：パイロット電子図書館総合目録調整委員会報告書』日本図書館協会, 1997.
- 『日本の図書館：統計と名簿』1996～2003 FD 版,日本図書館協会.
- 『日本の図書館：統計と名簿 2004』日本図書館協会, 2004.
- 「公共図書館間資料相互貸借指針について」東京都立中央図書館企画協力課.『ひびや』42（通号 149）, 1999.11, p. 102～103.

１１．資料

１１．１　状況調査文書と調査票（平成 15 年国図関西第３４号）

１１．２　＜アンケート＞集計結果一覧

１１．３　＜統計調査＞集計結果一覧

１１．３．１　１館あたりの総計（借受冊数，刊行年代別借受冊数，貸出冊数）

１１．３．１．１　借受冊数

１１．３．１．２　刊行年代別借受冊数

１１．３．１．３　貸出冊数

１１．３．２　館種別１館あたりの総計（借受冊数，刊行年代別借受冊数，貸出冊数）

１１．３．２．１　借受冊数

１１．３．２．１．１　都道府県立図書館

１１．３．２．１．２　政令指定都市立図書館中央館

１１．３．２．１．３　政令指定都市立図書館分館

１１．３．２．１．４　市区町村立図書館

１１．３．２．２　刊行年代別借受冊数

１１．３．２．２．１　都道府県立図書館

１１．３．２．２．２　政令指定都市立図書館中央館

１１．３．２．２．３　政令指定都市立図書館分館

１１．３．２．２．４　市区町村立図書館

１１．３．２．３　貸出冊数

１１．３．２．３．１　都道府県立図書館

１１．３．２．３．２　政令指定都市立図書館中央館

１１．１　状況調査文書と調査票（平成 15 年国図関西第 34 号）
（都道府県立図書館および政令指定都市立図書館中央館配布用）

国立国会図書館総合目録ネットワーク
参加館状況調査

「国立国会図書館総合目録ネットワーク（以下 NDL 総目）事業」本格運用から５年、また、市区町村立図書館によるシステムの利用開始から１年が経過しました。

この機にあたり、国立国会図書館では、参加館の現状を把握するための調査を行います。

本調査では、参加館の相互貸借の状況を中心にお尋ねします。調査の結果は事業評価のための材料とし、参加条件の緩和を含む今後の具体的な事業展開の検討につなげます。

業務ご多忙の折とは存じますが、ご協力をお願いいたします。

■ 調査内容等 ■

＜アンケート＞

＊ 内　　容：各館の相互貸借業務、各県域における情報・物流ネットワークの状況等
＊ 調査対象：NDL 総目参加館のうち都道府県立図書館・政令指定都市立図書館中央館
＊ 実施回数：１回
＊ 回答方法：設問Ⅰ～Ⅷについて「＜アンケート＞回答用紙」に回答をご記入のうえ、FAX でお送りください。
＊ 提出期限：<u>平成１５年３月１４日（金）</u>

＜統計調査＞

＊ 内　　容：**他の図書館から借り受けた資料冊数の月次統計（<u>必須</u>）**
借受資料の刊行年代別月次統計（参考調査）
他の図書館へ貸し出した資料冊数の月次統計（参考調査）
＊ 調査対象：NDL 総目参加館　全館
（貸出冊数の月次統計（参考調査）は都道府県および政令市中央館のみが対象）
＊ 調査期間：平成 15 年４月～平成 16 年３月（1 年間）
＊ 回答方法：別途メールにて、統計を記入するためのファイル「h15tokei.xls」をお送りします。平成 15 年度１年間分の統計（月次）をファイルに入力してください。（入力要領等、詳細は当該ファイルの【シート①】を参照）
※　今回、上記ファイルのプリントアウトを同封しています。Microsoft Excel の環境がない場合は、プリントアウト【シート②借受冊数記入表】に（参考調査にもご協力いただける場合は【シート③】【シート④】にも）直接ご記入ください。
＊ 提出方法：入力したファイル「h15tokei.xls」をメールに添付してご返信ください。
※　Microsoft Excel の環境がない場合は、上記プリントアウトを FAX でお送りください。
＊ 提出期限：第１回　<u>平成１５年１１月２８日（金）</u>　（平成１５年４～９月分）
第２回　<u>平成１６年　６月１５日（火）</u>　（～平成１６年３月分）

■ 提出先・連絡先 ■

国立国会図書館　関西館　事業部　図書館協力課　総合目録係
[redacted] ／ [redacted]

■ 調査結果について ■

調査結果報告は、総合目録ネットワーク・ホームページに掲載します。
また、国立国会図書館内外の刊行物に公表する可能性があります。

（政令指定都市立図書館分館および市区町村立図書館配布用）

国立国会図書館総合目録ネットワーク
参加館状況調査

「国立国会図書館総合目録ネットワーク（以下 NDL 総目）事業」本格運用から５年、また、市区町村立図書館によるシステムの利用開始から１年が経過しました。

この機にあたり、国立国会図書館では、参加館の現状を把握するための調査を行います。

本調査では、参加館の相互貸借の状況を中心にお尋ねします。調査の結果は事業評価のための材料とし、参加条件の緩和を含む今後の具体的な事業展開の検討につなげます。

業務ご多忙の折とは存じますが、ご協力をお願いいたします。

■ 調査内容等 ■

＜統計調査＞

＊ **内　　容**：**他の図書館から借り受けた資料冊数の月次統計（必須）**
借受資料の刊行年代別月次統計（参考調査。できるだけご協力ください）

＊ **調査対象**：NDL 総目参加館　全館

＊ **調査期間**：平成 15 年 4 月～平成 16 年 3 月（1 年間）

＊ **回答方法**：別途メールにて、統計を記入するためのファイル「h15tokei.xls」をお送りします。平成 15 年度 1 年間分の統計（月次）をファイルに入力してください。（入力要領等、詳細は当該ファイルの【シート①】を参照）

※　今回、上記ファイルのプリントアウトを同封しています。Microsoft Excel の環境がない場合は、プリントアウト【シート②借受冊数記入表】に（参考調査にもご協力いただける場合は【シート③借受冊数～資料刊行年代記入表】にも）直接ご記入ください。

＊ **提出方法**：入力したファイル「h15tokei.xls」をメールに添付してご返信ください。

※　Microsoft Excel の環境がない場合は、上記プリントアウトを FAX でお送りください。

＊ **提出期限**：**第１回　平成１５年１１月２８日（金）**　（平成１５年４～９月分）

第２回　平成１６年　６月１５日（火）　（～平成１６年３月分）

■ 提出先・連絡先 ■

国立国会図書館　関西館　事業部　図書館協力課　総合目録係

[redacted] ／ [redacted]

■ 調査結果について ■

調査結果報告は、総合目録ネットワーク・ホームページに掲載します。

また、国立国会図書館内外の刊行物に公表する可能性があります。

（都道府県立図書館用）

国立国会図書館総合目録ネットワーク
＜アンケート＞

回答は別紙「アンケート回答用紙」に記入してください。

＊設問中、「県」＝「都道府県」と読み替えてください。

Ⅰ　貴館書誌データの提供についてお尋ねします。

Ⅰ－１　国立国会図書館総合目録ネットワーク（以下、「ＮＤＬ総目」）に、貴館書誌所在データを提供していますか。

1 はい　（　　年　月～）
2 いいえ
3 提供予定（　　年　月頃）

Ⅰ－２　貴館蔵書目録をオンライン（インターネット、パソコン通信等）で提供していますか。

1 はい　（　　年　月～）　　⇒　ａ，ｂ　にご回答ください
2 自館単独では提供していない（県域総合目録の中で提供している）
3 提供予定（　　年　月頃）
4 提供していない

（Ⅰ－２で「１」と回答した図書館にお尋ねします。）

ａ．検索機能を一般公開していますか。
イ はい
ロ 利用対象を限定している（具体的に［例：県内の図書館員のみ］→　　　　）

ｂ．検索以外に提供しているサービス（予約や相互貸借依頼機能等）がありますか。
イ はい
＊具体的なサービス内容（ユーザによって提供サービスが異なる場合はユーザ別にご記入ください
［例：個人利用者は予約が可能、県内市町村立図書館は相互貸借依頼が可能、等］→　　　）
ロ いいえ

Ⅱ　相互貸借業務についてお尋ねします。

Ⅱ－１　他の図書館から相互貸借依頼を受ける際、貴館独自の様式がありますか。

1 図書館独自の様式が存在し、原則としてその様式でのみ依頼を受け付けている
2 図書館独自の様式が存在するが、ほかの様式でも受け付けている
3 図書館独自の様式はない
＊ その他特記事項（補足説明があれば具体的に［例：独自様式以外で受け付けるのは NDL 総目様式のみ］→　）

（データ提供館（Ⅰ－１で「１」と回答した図書館）にお尋ねします。）

Ⅱ－２　ＮＤＬ総目の様式（ＦＡＸ・メール）による相互貸借依頼を受け付けていますか。

1 はい　　⇒　ａ　にご回答ください
2 いいえ
＊ その他特記事項（補足説明があれば具体的に［例：他県からの貸出依頼は受け付けていない］→　　）

（Ⅱ－２で「１」と回答した図書館にお尋ねします。）

ａ．ＮＤＬ総目から、いずれの申込みを受け付けていますか。
イ FAX・メール共に受け付けている
ロ FAXのみ受け付けている
ハ メールのみ受け付けている

Ⅱ－３　協力貸出（県内の図書館との間の相互貸借）業務に、担当者を設けていますか。
（貸出担当と借受担当が別の場合は、貸出担当についてご回答ください）

1 専従の職員がいる　⇒ａ～ｃ　にご回答ください
2 専従の職員と、他の業務と兼務している職員がいる　⇒ａ～ｄ　にご回答ください
3 専従ではないが相互貸借業務の担当者がいる　⇒ａ～ｄ　にご回答ください
4 特に担当者を定めていない　⇒ｄ　にご回答ください

（Ⅱ－３で「１」、「２」、「３」を回答した図書館にお尋ねします。）

ａ．相互貸借業務担当者の所属部署は？　（　　　　）
ｂ．相互貸借業務を担当している職員の数は？　（　　　）人
ｃ．「ｂ．」に非常勤職員は含まれますか？
　イ はい　（　　　）人
　ロ いいえ（正規職員のみ）
　ハ その他（具体的に→　　　　）

（Ⅱ－３で「２」、「３」、「４」を回答した図書館にお尋ねします。）

ｄ．相互貸借業務を行う職員が他に行っている（兼務している）業務は？→（　　　　）

Ⅱ－４　県外の図書館との間の相互貸借業務に担当者を設けていますか。
（貸出担当と借受担当が別の場合は、貸出担当についてご回答ください）

1 専従の職員がいる　⇒ａ～ｃ　にご回答ください
2 専従の職員と、他の業務と兼務している職員がいる　⇒ａ～ｄ　にご回答ください
3 専従ではないが相互貸借業務の担当者がいる　⇒ａ～ｄ　にご回答ください
4 特に担当者を定めていない　⇒ｄ　にご回答ください

（Ⅱ－４で「１」、「２」、「３」を回答した図書館にお尋ねします。）

ａ．　相互貸借業務担当者の所属部署は？　（　　　　）
ｂ．　相互貸借業務を担当している職員の数は？　（　　　）人
ｃ．　「ｂ．」に非常勤職員は含まれますか？
　イ はい　（　　　）人
　ロ いいえ（正規職員のみ）
　ハ その他（具体的に→　　　　）

（Ⅱ－４で「２」、「３」、「４」を回答した図書館にお尋ねします。）

ｄ．　相互貸借業務を行う職員が他に行っている（兼務している）業務は？→（　　　　）

（分館がある図書館にのみお尋ねします。）

Ⅱ－５　他の図書館との間の相互貸借について、中央館がとりまとめていますか？

1 貸出・借受ともに、中央館が窓口となってとりまとめている
2 貸出は中央館がとりまとめて作業を行うが、資料借受の依頼は各館から個別に行っている
3 貸出・借受ともに、各館個別に行っている
4 その他（具体的に→　　　　）

Ⅱ－６　相互貸借業務体制についての補足説明等（自由筆記）

Ⅱ－７　相互貸借業務の変化について

NDL 総目の市区町村立図書館への参加対象拡大（H13.10）や各図書館ホームページ上での蔵書検索の公開に伴って、貴館において相互貸借業務上で生じた（と思われる）変化について、内容とその原因、日頃感じていることをご回答ください。

（１）　他の図書館から寄せられる貸出依頼（分館からの依頼は除く。貸出成立に至らなかったものも含む）

> **回答は以下の回答番号から選択してください。**
>
> **【①～⑤　回答番号】**　1　統計上増加傾向
> 2　統計上減少傾向
> 3　統計上変化は特に認められない
> 4　不明
> ＊原因・所感（あれば）（　　　　　　　　）

①　全体　⇒【回答番号】

内訳
- ②　県外の県立図書館から　⇒【回答番号】
- ③　県内の市区町村立図書館から　⇒【回答番号】
- ④　県外（所属ブロック内）の市区町村立図書館から　⇒【回答番号】
- ⑤　県外（所属ブロック外）の市区町村立図書館から　⇒【回答番号】

（２）　相互貸借業務にかかる時間

1　増えている
2　減っている
3　特に変わらない
4　不明
＊原因・所感　（　　　　　　　　）

（３）　相互貸借業務にかかる人員・体制

1　変更した
（具体的に→　　　　　　　　）
2　人員・体制の見直しを具体的に検討している
3　人員・体制の変更はしていないが、従来の体制では厳しくなっている
4　影響なし
＊変更・見直しの理由として考えられること
（具体的に→　　　　　　　　）

（４）　相互貸借に関する困った事例（自由筆記）

［例：不完全な書誌情報での貸出依頼、新刊書の安易な貸出依頼　等］

（５）　その他相互貸借業務の変化について（自由筆記）

Ⅲ　県域・地域の情報ネットワークについてお尋ねします。

Ⅲ－１　貴館が中心となって作成している県域総合目録がありますか。

（現在も作成を継続している、和図書を中心としたもの。冊子体による刊行の場合等も含む。）

1 はい　⇒Ⅲ－２回答後、Ⅲ－３　へ
2 いいえ　⇒Ⅲ－２回答後、Ⅲ－４　へ

Ⅲ－２　県内に、市区町村立図書館同士によって現在構築されている、広域総合目録ネットワークがありますか（和図書を中心とし、電子媒体またはネットワーク化されているもの）。

1 はい
（具体的な内容（名称、媒体、参加館、対象資料等把握している範囲で結構です）→　　　　　）
2 いいえ

（Ⅲ－１で「1」と回答した図書館にお尋ねします。）

Ⅲ－３　県域総合目録の実態についてお教えください

（総合目録が複数存在する場合は行を追加、または用紙をコピーして、同項目に回答してください）。

A．名称（　　　　　　　　　　　　　　　　　　　　　　　　　　　　　　　　　　　　　）

B．データベース化
　1 している　⇒C～G　にご回答いただいたあと、Ⅲ－５　へ
　2 していない　⇒Ⅲ－４　へ

（B．で「1」と回答した図書館にお尋ねします。）

C．データベース構築の方式
　1 横断型
　2 集中型
　3 その他　（具体的に→　　　　　　　　　　　　　　　　　　　　　　　　　　　　　）

D．参加館の範囲
　公立図書館（　　）館
　　⇒　参加自治体数：政令市（　　　）、市区町村（　　　）
　　　　参加館数　　：県立（　　　）館、政令市立（　　　）館、市区町村立（　　　）館
　公民館図書室（　　　）館、　大学図書館（　　　）館
　その他（　　　）館…（具体的に→　　　　　　　　　　　　　　　　　　　　　　　　）

　a．参加館のうち、データ提供館
　公立図書館（　　）館
　　⇒　参加自治体数：政令市（　　　）、市区町村（　　　）
　　　　参加館数　　：県立（　　　）館、政令市立（　　　）館、市区町村立（　　　）館
　公民館図書室（　　　）館、　大学図書館（　　　）館
　その他（　　　）館…（具体的に→　　　　　　　　　　　　　　　　　　　　　　　　）

E．収録対象資料の範囲（複数回答可）
　1 一般和図書
　2 郷土関係図書
　3 行政資料
　4 児童図書
　5 外国語図書
　6 逐次刊行物
　7 視聴覚資料
　8 その他　（具体的に→　　　　　　　　　　　　　　　　　　　　　　　　　　　　　）

F．検索機能の利用対象
1 誰でも利用できる（ホームページ上などで一般公開している）
2 参加館のみの利用である
3 その他　（具体的に→　　　　　　　　　　　　　　　　　　　　　　　　　　）

G．検索以外に提供しているサービス（予約や相互貸借依頼機能等）がありますか。
1 はい
＊具体的なサービス内容（ユーザによって提供サービスが異なる場合はユーザ別にご記入ください
［例：ネットワーク参加館は相互貸借依頼が可能、等］→　　　　　　　　　　　　　　　）
2 いいえ

（Ⅲ－１で「２」と回答した図書館、Ⅲ－３　Ｂ．で「２」と回答した図書館にお尋ねします。）

Ⅲ－４　今後、県域の総合目録データベースを構築する予定はありますか。

1 はい　　　⇒Ａ～Ｄ　にご回答ください
2 いいえ　　⇒Ⅲ－５　へ

（Ⅲ－４で「１」と回答した図書館にお尋ねします。）
Ａ．構築時期（　　年　　月頃を目処に）
Ｂ．形態
イ．横断型
ロ．集中型
ハ．その他　（具体的に→　　　　　　　　　　　　　　　　　　　　　　　　　　）
Ｃ．収録対象資料範囲（　　　　　　　　　　　　　　　　　　　　　　　　　　　）
Ｄ．参加対象館種（　　　　　　　　　　　　　　　　　　　　　　　　　　　　　）

Ⅲ－５　総合目録以外に、県内他館の所蔵を確認するための、図書館同士の情報交換手段はありますか。

1 はい　（具体的に［例：電子掲示板（WANTED）を設け、資料の探索依頼ができる］→　　　　）
2 いいえ

Ⅲ－６　県内では、市区町村立図書館が県内の他の市区町村立図書館の所蔵を確認する場合に、どのような方法が一般的だと思われますか。（複数回答可）

1 県域の総合目録（冊子体・データベース）を利用する
2 Jcross 等のサービスを検索する
3 個別の蔵書目録（冊子体）で調べる
4 個別の OPAC を検索する
5 電話・FAX 等で個別に問い合わせる
6 県立図書館に問い合わせる
7 市区町村立図書館間同士の相互貸借は行われていない
8 その他　（具体的に→　　　　　　　　　　　　　　　　　　　　　　　　　　）

Ⅲ－７　県域・地域の情報ネットワーク（データベース化された総合目録等）とＮＤＬ総目との関係はどうあることが望ましいと思いますか。

1 「県域総合目録→NDL 総目」という仕組みがあるとよい
（県域総合目録を検索しても所蔵が確認できない場合、NDL 総目画面が開く、等。）
2 「NDL 総目→県域総合目録」という仕組みがあるとよい
（NDL 総目の検索結果から県域総合目録へのリンクを用意する、等）
3 県域総合目録の横断検索の一部として NDL 総目が検索できればよい
4 その他　（具体的に→　　　　　　　　　　　　　　　　　　　　　　　　　　）

Ⅳ　相互貸借資料の物流についてお尋ねします。

Ⅳ－１　貴館から県内の図書館への資料の配送手段について（複数回答可）

1 協力車を運行している　⇒ａ，ｂ，ｃ　にご回答ください
2 郵送　⇒ｄ　にご回答ください
3 宅配便　⇒ｅ，ｆ　にご回答ください
4 その他　（具体的に→　）

（Ⅳ－１で「１」と回答した図書館にお尋ねします。）

ａ．県内の市区町村立図書館側から見た場合、協力車が来る頻度は？

イ 週１回
ロ 月１回
ハ その他の頻度、ルートによって異なる等　（具体的に→　）

ｂ．運行範囲は？　→県内自治体（①　）市区町村中、運行範囲は（②　）市区町村

ｃ．市区町村立図書館間の相互貸借についても、協力車での資料配送を行っていますか。

イ 行っている
ロ 行っていない

（Ⅳ－１で「２」と回答した図書館にお尋ねします。）

ｄ．資料の発送頻度は？

イ 随時
ロ 日を決めて行う　（発送日、頻度等具体的に→　）
ハ その他（場合分けされている場合を含む。具体的に→　）

（Ⅳ－１で「３」と回答した図書館にお尋ねします。）

ｅ．資料の発送頻度は？

イ 随時
ロ 日を決めて行う　（発送日、頻度等具体的に→　）
ハ その他（場合分けされている場合を含む。具体的に→　）

ｆ．宅配業者と定期発送契約を結んでいますか。

イ はい
ロ いいえ
＊ 特記事項（補足説明があれば具体的に→　）

Ⅳ－２　県外の図書館に対する相互貸借資料の配送手段について（複数回答可）

1 郵送　⇒ａ　にご回答ください
2 宅配便　⇒ｂ，ｃ　にご回答ください
3 その他　（具体的に→　）

（Ⅳ－２で「１」と回答した図書館にお尋ねします。）

ａ．資料の発送頻度は？

イ 随時
ロ 日を決めて行う　（発送日、頻度等具体的に→　）
ハ その他（場合分けされている場合を含む。具体的に→　）

（Ⅳ－２で「２」と回答した図書館にお尋ねします。）

ｂ．資料の発送頻度は？

イ 随時

ロ 日を決めて行う　（発送日、頻度等具体的に→　　　　　　　　　　　　　　　　　　）

ハ その他（場合分けされている場合を含む。具体的に→　　　　　　　　　　　　　　　　）

ｃ．宅配業者と定期発送契約を結んでいますか。

イ はい

ロ いいえ

＊ 特記事項（補足説明があれば具体的に→　　　　　　　　　　　　　　　　　　　　　）

Ⅳ－３　貴館が他の図書館から資料を借り受ける場合、送料負担はどうしていますか。

Ⅳ－３－１　県内の図書館から借りる場合

1 協力車を利用するので郵便・宅配等の送料負担は生じない

2 図書館で全額負担している

3 利用者に全額負担させている

4 その他　（具体的に→　　　　　　　　　　　　　　　　　　　　　　　　　　　　　）

Ⅳ－３－２　県外（所属ブロック内）の図書館から借りる場合

① 送料全額借受館負担の図書館から借りる場合

1 図書館で全額負担している

2 利用者に全額負担させている

3 利用者・図書館が片道分ずつ負担している

4 その他　（具体的に→　　　　　　　　　　　　　　　　　　　　　　　　　　　　　）

② 送料相互負担の図書館から借りる場合

1 発生した送料について、図書館で負担している

2 発生した送料について、利用者に負担させている

3 その他　（具体的に→　　　　　　　　　　　　　　　　　　　　　　　　　　　　　）

Ⅳ－３－３　県外（所属ブロック外）の図書館から借りる場合

① 送料全額借受館負担の図書館から借りる場合

1 図書館で全額負担している

2 利用者に全額負担させている

3 利用者・図書館が片道分ずつ負担している

4 その他　（具体的に→　　　　　　　　　　　　　　　　　　　　　　　　　　　　　）

② 送料相互負担の図書館から借りる場合

1 発生した送料について、図書館で負担している

2 発生した送料について、利用者に負担させている

3 その他　（具体的に→　　　　　　　　　　　　　　　　　　　　　　　　　　　　　）

Ⅳ－４　貴館が他の図書館に資料を貸し出す場合、送料負担はどうしていますか。

Ⅳ－４－１　県内の図書館へ貸し出す場合

1 協力車を利用するため、郵便・宅配等の送料負担は生じない
2 全額貴館が負担している
3 貴館（貸出館）と借受館とで相互負担としている
4 全額借受館負担としている
5 その他　（具体的に→　　　　　　　　　　　　　　　　　　　　　　　　　　　）

Ⅳ－４－２　県外（所属ブロック内）の図書館へ貸し出す場合

1 全額貴館が負担している
2 貴館（貸出館）と借受館とで相互負担としている
3 全額借受館負担としている
4 その他　（具体的に→　　　　　　　　　　　　　　　　　　　　　　　　　　　）

Ⅳ－４－３　県外（所属ブロック外）の図書館へ貸し出す場合

1 全額貴館が負担している
2 貴館（貸出館）と借受館とで相互負担としている
3 全額借受館負担としている
4 その他　（具体的に→　　　　　　　　　　　　　　　　　　　　　　　　　　　）

Ⅳ－５　貴館では、資料の相互貸借にかかる送料負担は増えていますか。

1 増えている
2 減っている
3 特に変わらない
4 全額利用者負担としているため、図書館としての送料負担はない。
5 不明

Ⅴ　相互貸借に関する規程等についてお尋ねします。

Ⅴ－１　県内での相互貸借に関する方針や手続きを定めた規程等はありますか。

1 ある（差支えなければ、写しを添付してください）
2 ない

Ⅴ－２　所属ブロック内に相互貸借に関する方針や手続きを定めた規程等はありますか。

1 ある（差支えなければ、写しを添付してください）
2 ない

Ⅴ－３　所属ブロック外の図書館との相互貸借に関して「公共図書館間資料相互貸借指針」（全国公共図書館協議会）を適用していますか。

1 適用している
2 適用していない　⇒ａ．にご回答ください

（Ⅴ－３で「２」と回答した図書館にお尋ねします。）

ａ．独自に手続き等を定めていますか。

イ 定めている
ロ 特に定めず、適宜対応している

Ｖ－４　県内の市区町村立図書館に対し、研修会や連絡会議等の場で、相互貸借に関する規程やルールについて、説明する機会はありますか。

1 ある　⇒ａ．ｂ．　にご回答ください
2 ない

（Ⅵ－４で「１」と回答した図書館にお尋ねします。）

ａ．どのような場で？
（会議名、参加対象者等を具体的に→　　　　　　　　　　　　　　　　　　　　　　　　　　　）

ｂ．説明の内容
（具体的に［例：近隣の市町村の所蔵→県域総目→NDL 総目、という順序を説明している］→　　　　）

Ⅵ　研修会・勉強会の実施についてお尋ねします。

平成 14 年度に貴館及び県域・所属ブロック域等で開催した、図書館職員を対象とする研修会や勉強会・連絡会議等がありましたら、研修会等名称、内容、参加対象を教えてください。**→回答用紙欄へ**

Ⅶ　ＮＤＬ総目への参加資格要件についてお尋ねします。

市区町村立図書館の参加資格は、平成 13、14 年度募集時において「一自治体につき一館」、「図書館法の規定に基づく公立図書館又はこれに準ずる機関で、中央館に相当する図書館」に限定しています。

この措置は、「市区町村立図書館のネットワーク参加は段階的に実施する」という、参加館の皆様とのお約束に基づき、参加館数を制限するために当面行っているものです。

なお、ここでの「参加」とは、現在の市区町村立図書館と同様の参加形態を指します（相互貸借依頼機能を利用可能）。

Ⅶ－１　市区町村立図書館分館の参加についてどのように考えますか（理由もご記入ください）。

1 賛成

2 時期尚早

3 反対

＊理由（　　　　　　　　　　　　　　　　　　　　　　　　　　　　　　　　　　　）

Ⅶ－２　「図書館法の規定に基づく公立図書館又はこれに準ずる機関」について

現時点では、図書館法に基づかない施設から申請があった場合、個別の状況（職員体制等）を確認し、参加の可否を判断しています。また、「図書館法に基づく図書館」ということであっても、図書館に職員が常駐していない場合などお断りしている場合も生じています。

今後、参加資格要件の緩和を考慮する際に、「図書館法」適用外施設についてどのように考えるべきでしょうか。

1 厳密に「図書館法」適用施設の参加に限定すべき

2 現行どおり、資料の貸借において責任が持てる体制の公立施設（図書館）の参加のみ認めるべき

3 自治体に公立図書館未設置の場合に限り、公民館図書室の参加を認めてもよい

4 公民館図書室の参加を全面的に認めてもよい

5 「図書館」または「図書館に準ずる施設」以外には、将来の一般公開時に検索のみ可能とすべき
（相互貸借依頼機能は付加すべきでない）

6 その他（意見をご記入ください）

Ⅷ　ＮＤＬ総目・検索機能のインターネット上での一般公開についてお尋ねします。

一般公開する画面としては、現行の「簡易検索画面」のようなイメージでご回答ください（書誌情報・所蔵館情報を提供し、相互貸借依頼機能は付与しない）。

Ⅷ－１　一般公開の是非について、ご意見をお聞かせください。

1 賛成

2 時期尚早

3 反対

＊理由・ご意見（　　　　　　　　　　　　　　　　　　　　　　　　　　　　　　　）

Ⅷ－２　一般公開する場合、システム上考慮すべきことについてご意見をお聞かせください。

＊ご意見（　　　　　　　　　　　　　　　　　　　　　　　　　　　　　　　　　　）

ありがとうございました。

（政令指定都市立図書館用）

国立国会図書館総合目録ネットワーク
＜アンケート＞

回答は別紙「アンケート回答用紙」に記入してください。

＊設問中、「県」＝「都道府県」と読み替えてください。

Ⅰ　貴館書誌データの提供についてお尋ねします。

Ⅰ－１　国立国会図書館総合目録ネットワーク（以下、「ＮＤＬ総目」）に、貴館書誌所在データを提供していますか。

1 はい　（　　年　月～）
2 いいえ
3 提供予定（　　年　月頃）

Ⅰ－２　貴館蔵書目録をオンライン（インターネット、パソコン通信等）で提供していますか。

1 はい　（　　年　月～）　　⇒　ａ，ｂ　にご回答ください
2 自館単独では提供していない（県域総合目録の中で提供している）
3 提供予定（　　年　月頃）
4 提供していない

（Ⅰ－２で「１」と回答した図書館にお尋ねします。）

ａ．検索機能を一般公開していますか。

イ はい
ロ 利用対象を限定している（具体的に［例：県内の図書館員のみ］→　　　　　　）

ｂ．検索以外に提供しているサービス（予約や相互貸借依頼機能等）がありますか。

イ はい
＊具体的なサービス内容（ユーザによって提供サービスが異なる場合はユーザ別にご記入ください
［例：個人利用者は予約が可能、県内市町村立図書館は相互貸借依頼が可能、等］→　　　）
ロ いいえ

Ⅱ　相互貸借業務についてお尋ねします。

Ⅱ－１　他の図書館から相互貸借依頼を受ける際、貴館独自の様式がありますか。

1 図書館独自の様式が存在し、原則としてその様式でのみ依頼を受け付けている
2 図書館独自の様式が存在するが、ほかの様式でも受け付けている
3 図書館独自の様式はない
＊ その他特記事項（補足説明があれば具体的に［例：独自様式以外で受け付けるのはNDL総目様式のみ］→　）

（データ提供館（Ⅰ－１で「１」と回答した図書館）にお尋ねします。）

Ⅱ－２　ＮＤＬ総目の様式（ＦＡＸ・メール）による相互貸借依頼を受け付けていますか。

1 はい　　⇒　ａ　にご回答ください
2 いいえ
＊ その他特記事項（補足説明があれば具体的に［例：他県からの貸出依頼は受け付けていない］→　）

（Ⅱ－２で「１」と回答した図書館にお尋ねします。）

ａ．ＮＤＬ総目から、いずれの申込みを受け付けていますか。

イ FAX・メール共に受け付けている
ロ FAXのみ受け付けている
ハ メールのみ受け付けている

Ⅱ－３　<設問なし>

Ⅱ－４　他の図書館（貴館の分館を除く）との間の相互貸借業務に担当者を設けていますか。

（貸出担当と借受担当が別の場合は、貸出担当についてご回答ください）

1 専従の職員がいる　⇒ａ～ｃ　にご回答ください
2 専従の職員と、他の業務と兼務している職員がいる　⇒ａ～ｄ　にご回答ください
3 専従ではないが相互貸借業務の担当者がいる　⇒ａ～ｄ　にご回答ください
4 特に担当者を定めていない　⇒ｄ　にご回答ください

（Ⅱ－４で「１」、「２」、「３」を回答した図書館にお尋ねします。）

ａ．　相互貸借業務担当者の所属部署は？　（　　　　　　　　　　）
ｂ．　相互貸借業務を担当している職員の数は？　（　　　）人
ｃ．　「ｂ．」に非常勤職員は含まれますか？
　イ はい　（　　　）人
　ロ いいえ（正規職員のみ）
　ハ その他（具体的に→　　　　　　　　　　　　）

（Ⅱ－４で「２」、「３」、「４」を回答した図書館にお尋ねします。）

ｄ．　相互貸借業務を行う職員が他に行っている（兼務している）業務は？→（　　　　　）

Ⅱ－５　他の図書館との間の相互貸借について、中央館がとりまとめていますか？

1 貸出・借受ともに、中央館が窓口となってとりまとめている
2 貸出は中央館がとりまとめて作業を行うが、資料借受の依頼は各館から個別に行っている
3 貸出・借受ともに、各館個別に行っている
4 その他（具体的に→　　　　　　　　　　　　）

Ⅱ－６　相互貸借業務体制についての補足説明等（自由筆記）

Ⅱ－７　相互貸借業務の変化について

NDL 総目の市区町村立図書館への参加対象拡大（H13.10）や各図書館ホームページ上での蔵書検索の公開に伴って、貴館において相互貸借業務上で生じた（と思われる）変化について、内容とその原因、日頃感じていることをご回答ください。

（１）　他の図書館から寄せられる貸出依頼（分館からの依頼は除く。貸出成立に至らなかったものも含む）

> 回答は以下の回答番号から選択してください。
>
> 【①～⑤　回答番号】　1 統計上増加傾向
> 2 統計上減少傾向
> 3 統計上変化は特に認められない
> 4 不明
> ＊原因・所感（あれば）（　　　　　　）

① 全体　⇒【回答番号】

内訳
② 県外の県立図書館から　⇒【回答番号】
③ 県内の市区町村立図書館から　⇒【回答番号】
④ 県外（所属ブロック内）の市区町村立図書館から　⇒【回答番号】
⑤ 県外（所属ブロック外）の市区町村立図書館から　⇒【回答番号】

（2） 相互貸借業務にかかる時間

1 増えている

2 減っている

3 特に変わらない

4 不明

＊原因・所感　（　　　　　　　　　　　　　　　　　　　　　　　　　　）

（3） 相互貸借業務にかかる人員・体制

1 変更した

（具体的に→　　　　　　　　　　　　　　　　　　　　　　　　　　　　）

2 人員・体制の見直しを具体的に検討している

3 人員・体制の変更はしていないが、従来の体制では厳しくなっている

4 影響なし

＊変更・見直しの理由として考えられること

（具体的に→　　　　　　　　　　　　　　　　　　　　　　　　　　　　）

（4） 相互貸借に関する困った事例（自由筆記）

［例：不完全な書誌情報での貸出依頼、新刊書の安易な貸出依頼　等］

（5） その他相互貸借業務の変化について（自由筆記）

Ⅲ　県域・地域の情報ネットワークについてお尋ねします。

Ⅲ－１～４　＜設問なし＞

Ⅲ－５　総合目録以外に、県内他館の所蔵を確認するための、図書館同士の情報交換手段はありますか。

1 はい　（具体的に［例：電子掲示板（WANTED）を設け、資料の探索依頼ができる］→　　　　）

2 いいえ

Ⅲ－６　県内では、市区町村立図書館が県内の他の市区町村立図書館の所蔵を確認する場合に、どのような方法が一般的だと思われますか。（複数回答可）

1 県域の総合目録（冊子体・データベース）を利用する

2 Jcross 等のサービスを検索する

3 個別の蔵書目録（冊子体）で調べる

4 個別の OPAC を検索する

5 電話・FAX 等で個別に問い合わせる

6 県立図書館に問い合わせる

7 市区町村立図書館間同士の相互貸借は行われていない

8 その他　（具体的に→　　　　　　　　　　　　　　　　　　　　　　　　）

Ⅲ－７　県域・地域の情報ネットワーク（データベース化された総合目録等）とＮＤＬ総目との関係はどうあることが望ましいと思いますか。

1 「県域総合目録→NDL 総目」という仕組みがあるとよい

（県域総合目録を検索しても所蔵が確認できない場合、NDL 総目画面が開く、等。）

2 「NDL 総目→県域総合目録」という仕組みがあるとよい

（NDL 総目の検索結果から県域総合目録へのリンクを用意する、等）

3 県域総合目録の横断検索の一部として NDL 総目が検索できればよい

4 その他　（具体的に→　　　　　　　　　　　　　　　　　　　　　　　　）

Ⅳ　相互貸借資料の物流についてお尋ねします。

Ⅳ－１　貴館から県内の他の市町村立図書館への資料の配送手段について（複数回答可）

1 県立図書館の協力車を利用している
2 郵送　⇒ｄ　にご回答ください
3 宅配便　⇒ｅ，ｆ　にご回答ください
4 その他　（具体的に→　　　　　　　　　　　　　　　　）

ａ．～ ｃ．　<設問なし>

（Ⅳ－１で「２」と回答した図書館にお尋ねします。）

ｄ．資料の発送頻度は？
イ 随時
ロ 日を決めて行う　（発送日、頻度等具体的に→　　　　　　　　　　　　　　　　）
ハ その他（場合分けされている場合を含む。具体的に→　　　　　　　　　　　　　　　　）

（Ⅳ－１で「３」と回答した図書館にお尋ねします。）

ｅ．資料の発送頻度は？
イ 随時
ロ 日を決めて行う　（発送日、頻度等具体的に→　　　　　　　　　　　　　　　　）
ハ その他（場合分けされている場合を含む。具体的に→　　　　　　　　　　　　　　　　）

ｆ．宅配業者と定期発送契約を結んでいますか。
イ はい
ロ いいえ
＊ 特記事項（補足説明があれば具体的に→　　　　　　　　　　　　　　　　）

Ⅳ－２　県外の図書館に対する相互貸借資料の配送手段について（複数回答可）

1 郵送　⇒ａ　にご回答ください
2 宅配便　⇒ｂ，ｃ　にご回答ください
3 その他　（具体的に→　　　　　　　　　　　　　　　　）

（Ⅳ－２で「１」と回答した図書館にお尋ねします。）

ａ．資料の発送頻度は？
イ 随時
ロ 日を決めて行う　（発送日、頻度等具体的に→　　　　　　　　　　　　　　　　）
ハ その他（場合分けされている場合を含む。具体的に→　　　　　　　　　　　　　　　　）

（Ⅳ－２で「２」と回答した図書館にお尋ねします。）

ｂ．資料の発送頻度は？
イ 随時
ロ 日を決めて行う　（発送日、頻度等具体的に→　　　　　　　　　　　　　　　　）
ハ その他（場合分けされている場合を含む。具体的に→　　　　　　　　　　　　　　　　）

ｃ．宅配業者と定期発送契約を結んでいますか。
イ はい
ロ いいえ
＊ 特記事項（補足説明があれば具体的に→　　　　　　　　　　　　　　　　）

Ⅳ－３　貴館が他の図書館から資料を借り受ける場合、送料負担はどうしていますか。

Ⅳ－３－１　県立および県内の他の市町村立図書館から借りる場合

1 県立図書館の協力車を利用するので郵便・宅配等の送料負担は生じない
2 図書館で全額負担している
3 利用者に全額負担させている
4 その他　（具体的に→　　　　　　　　　　　　　　　　　　　　　　　　　　　　　　　）

Ⅳ－３－２　県外（所属ブロック内）の図書館から借りる場合

① 送料全額借受館負担の図書館から借りる場合
1 図書館で全額負担している
2 利用者に全額負担させている
3 利用者・図書館が片道分ずつ負担している
4 その他　（具体的に→　　　　　　　　　　　　　　　　　　　　　　　　　　　　　　　）

② 送料相互負担の図書館から借りる場合
1 発生した送料について、図書館で負担している
2 発生した送料について、利用者に負担させている
3 その他　（具体的に→　　　　　　　　　　　　　　　　　　　　　　　　　　　　　　　）

Ⅳ－３－３　県外（所属ブロック外）の図書館から借りる場合

① 送料全額借受館負担の図書館から借りる場合
1 図書館で全額負担している
2 利用者に全額負担させている
3 利用者・図書館が片道分ずつ負担している
4 その他　（具体的に→　　　　　　　　　　　　　　　　　　　　　　　　　　　　　　　）

② 送料相互負担の図書館から借りる場合
1 発生した送料について、図書館で負担している
2 発生した送料について、利用者に負担させている
3 その他　（具体的に→　　　　　　　　　　　　　　　　　　　　　　　　　　　　　　　）

Ⅳ－４　貴館が他の図書館に資料を貸し出す場合、送料負担はどうしていますか。

Ⅳ－４－１　県内の他の市町村立図書館へ貸し出す場合

1 県立図書館の協力車を利用するため、郵便・宅配等の送料負担は生じない
2 全額貴館が負担している
3 貴館（貸出館）と借受館とで相互負担としている
4 全額借受館負担としている
5 その他　（具体的に→　　　　　　　　　　　　　　　　　　　　　　　　　　　　　　　）

Ⅳ－４－２　県外（所属ブロック内）の図書館へ貸し出す場合

1 全額貴館が負担している
2 貴館（貸出館）と借受館とで相互負担としている
3 全額借受館負担としている
4 その他　（具体的に→　　　　　　　　　　　　　　　　　　　　　　　　　　　　　　　）

Ⅳ－４－３　県外（所属ブロック外）の図書館へ貸し出す場合

1 全額貴館が負担している
2 貴館（貸出館）と借受館とで相互負担としている
3 全額借受館負担としている
4 その他　（具体的に→　　　　　　　　　　　　　　　　　　　　　　　　　　　）

Ⅳ－５　貴館では、資料の相互貸借にかかる送料負担は増えていますか。

1 増えている
2 減っている
3 特に変わらない
4 全額利用者負担としているため、図書館としての送料負担はない。
5 不明

Ⅴ　相互貸借に関する規程等についてお尋ねします。

Ⅴ－１，２　<設問なし>

Ⅴ－３　所属ブロック外の図書館との相互貸借に関して「公共図書館間資料相互貸借指針」（全国公共図書館協議会）を適用していますか。

1 適用している
2 適用していない　⇒ａ．にご回答ください

（Ⅴ－３で「２」と回答した図書館にお尋ねします。）

ａ．独自に手続き等を定めていますか。

イ 定めている
ロ 特に定めず、適宜対応している

Ⅴ－４　<設問なし>

Ⅵ　<設問なし>

Ⅶ　ＮＤＬ総目への参加資格要件についてお尋ねします。

市区町村立図書館の参加資格は、平成 13、14 年度募集時において「一自治体につき一館」、「図書館法の規定に基づく公立図書館又はこれに準ずる機関で、中央館に相当する図書館」に限定しています。

この措置は、「市区町村立図書館のネットワーク参加は段階的に実施する」という、参加館の皆様とのお約束に基づき、参加館数を制限するために当面行っているものです。

なお、ここでの「参加」とは、現在の市区町村立図書館と同様の参加形態を指します（相互貸借依頼機能を利用可能）。

Ⅶ－１　市区町村立図書館分館の参加についてどのように考えますか（理由もご記入ください）。

1 賛成
2 時期尚早
3 反対
＊理由（　　　　　　　　　　　　　　　　　　　　　　　　　　　　　　　　　　　　）

Ⅶ－２　「図書館法の規定に基づく公立図書館又はこれに準ずる機関」について

現時点では、図書館法に基づかない施設から申請があった場合、個別の状況（職員体制等）を確認し、参加の可否を判断しています。また、「図書館法に基づく図書館」ということであっても、図書館に職員が常駐していない場合などお断りしている場合も生じています。

今後、参加資格要件の緩和を考慮する際に、「図書館法」適用外施設についてどのように考えるべきでしょうか。

1 厳密に「図書館法」適用施設の参加に限定すべき
2 現行どおり、資料の貸借において責任が持てる体制の公立施設（図書館）の参加のみ認めるべき
3 自治体に公立図書館未設置の場合に限り、公民館図書室の参加を認めてもよい
4 公民館図書室の参加を全面的に認めてもよい
5 「図書館」または「図書館に準ずる施設」以外には、将来の一般公開時に検索のみ可能とすべき
（相互貸借依頼機能は付加すべきでない）
6 その他（意見をご記入ください）

Ⅷ　ＮＤＬ総目・検索機能のインターネット上での一般公開についてお尋ねします。

一般公開する画面としては、現行の「簡易検索画面」のようなイメージでご回答ください（書誌情報・所蔵館情報を提供し、相互貸借依頼機能は付与しない）。

Ⅷ－１　一般公開の是非について、ご意見をお聞かせください。

1 賛成
2 時期尚早
3 反対
＊理由・ご意見（　　　　　　　　　　　　　　　　　　　　　　　　　　　　　　　　）

Ⅷ－２　一般公開する場合、システム上考慮すべきことについてご意見をお聞かせください。

＊ご意見（　　　　　　　　　　　　　　　　　　　　　　　　　　　　　　　　　　　）

ありがとうございました。

国立国会図書館総合目録ネットワーク
＜統計調査＞

【シート「借受冊数記入表」の入力要領】

○ 平成15年度（平成15年4月～16年3月）に、他の図書館（ただし貴館の分館等、同一自治体が設置する図書館を除く）から借り受けた資料の冊数をお尋ねします。

○ 入力の対象とする資料は「和図書」とします。
郷土資料・地域資料を含めます（逐次刊行物の場合は除きます）。
白書・年鑑類等、逐次刊行物かどうか判断に迷うものは、貸出館の取扱いに合わせるか、刊行頻度で区別してください（年刊は「図書」、年2回以上の刊行は「逐次刊行物」とする）。
また、読書会・展示会・貸出文庫等の資料は含まないでください。

○ 入力する月の判断は、実際に貴館が借受資料を受領した年月としてください。

○ 記入欄が2段に分かれている館種（都道府県立図書館、政令指定都市立図書館、国立国会図書館）については、下の段に借受冊数のうち所蔵情報をNDL総目で得た数も入力してください。

■入力例■

平成15年4月には、所属ブロック内の○○県立図書館と××県立図書館の2館からあわせて3冊の資料を借り受けた。
そのうち××県立図書館から借り受けた1冊は、NDL総目から所蔵情報を得たもので、残る2冊は○○県立図書館ホームページの蔵書検索を検索して所蔵情報を得た。

地域	資料受領年月 / 館種	H15 4月		5月		…	上半期小計
他県（所属ブロック内）	都道府県立図書館	3	冊	1	冊		4
	（うち、NDL総目で所蔵情報を得たもの）	1	冊	1	冊		2
	政令指定都市立図書館	0	冊	0	冊		0
	（うち、NDL総目で所蔵情報を得たもの）	0		0	冊		0
	市区町村立図書館	0					4

緑色の枠線の部分が、入力していただく欄です。
シート左上にある、図書館所在地・図書館名もお忘れなく。

4月に貸出を申し込んでいても、資料を受領したのが5月であれば、5月の欄に入力してください。

色つきの欄は自動計算されます。

【提出期限】

○ 第１回：　平成１５年１１月２８日（金）　（平成15年4～9月分）
○ 第２回：　平成１６年　６月１５日（火）　（～平成16年3月分）
いずれの回も、このファイルごとメールに添付し、[redacted]送信してください。

【参考調査：以下は統計取得が可能でしたらご協力ください⇒別シート】

★ **参考調査）刊行年代記入表**
借受資料の刊行年代別の数がわかりましたら、入力してください。

★ **参考調査）貸出冊数記入表**（＊都道府県立図書館・政令指定都市立図書館中央館のみ）
平成15年度に、他の図書館（ただし、貴館の分館等、同一自治体が設置する図書館を除く）に貸し出した資料（和図書）の冊数を入力してください。
分館所蔵資料の貸出を中央館が取りまとめているために、中央館単独の数値（冊数）を算出できない場合は、シート下部のチェック欄にチェックをしてください。

所在地 [　　　] 都道府県 [　　　] 市区町村

図書館名 [　　　　　　]

国立国会図書館総合目録ネットワーク＜統計調査＞

借受冊数記入表 （前）

地域	館種 ＼ 資料受理年月	H15 4月	5月	6月	7月	8月	9月	上半期小計
都道府県内	都道府県立図書館	冊	冊	冊	冊	冊	冊	0
	（うち、NDL総目で所蔵情報を得たもの）	冊	冊	冊	冊	冊	冊	0
	政令指定都市立図書館	冊	冊	冊	冊	冊	冊	0
	（うち、NDL総目で所蔵情報を得たもの）	冊	冊	冊	冊	冊	冊	0
	市区町村立図書館	冊	冊	冊	冊	冊	冊	0
他県（所属ブロック内）	都道府県立図書館	冊	冊	冊	冊	冊	冊	0
	（うち、NDL総目で所蔵情報を得たもの）	冊	冊	冊	冊	冊	冊	0
	政令指定都市立図書館	冊	冊	冊	冊	冊	冊	0
	（うち、NDL総目で所蔵情報を得たもの）	冊	冊	冊	冊	冊	冊	0
	市区町村立図書館	冊	冊	冊	冊	冊	冊	0
他県（所属ブロック外）	都道府県立図書館	冊	冊	冊	冊	冊	冊	0
	（うち、NDL総目で所蔵情報を得たもの）	冊	冊	冊	冊	冊	冊	0
	政令指定都市立図書館	冊	冊	冊	冊	冊	冊	0
	（うち、NDL総目で所蔵情報を得たもの）	冊	冊	冊	冊	冊	冊	0
	市区町村立図書館	冊	冊	冊	冊	冊	冊	0
その他	国立国会図書館	冊	冊	冊	冊	冊	冊	0
	（うち、NDL総目で所蔵情報を得たもの）	冊	冊	冊	冊	冊	冊	0
	その他の館種（大学、専門等）	冊	冊	冊	冊	冊	冊	0
月合計		0	0	0	0	0	0	0

【借受冊数記入表】

所在地 [ ] 都道府県 [ ] 市区町村

図書館名 [ ]

国立国会図書館総合目録ネットワーク＜統計調査＞
借受冊数記入表 （後）

地域	館種 ＼ 資料受理年月	H15 10月	11月	12月	H16 1月	2月	3月	合計
都道府県内	都道府県立図書館	冊	冊	冊	冊	冊	冊	0
	（うち、NDL総目で所蔵情報を得たもの）	冊	冊	冊	冊	冊	冊	0
	政令指定都市立図書館	冊	冊	冊	冊	冊	冊	0
	（うち、NDL総目で所蔵情報を得たもの）	冊	冊	冊	冊	冊	冊	0
	市区町村立図書館	冊	冊	冊	冊	冊	冊	0
他県（所属ブロック内）	都道府県立図書館	冊	冊	冊	冊	冊	冊	0
	（うち、NDL総目で所蔵情報を得たもの）	冊	冊	冊	冊	冊	冊	0
	政令指定都市立図書館	冊	冊	冊	冊	冊	冊	0
	（うち、NDL総目で所蔵情報を得たもの）	冊	冊	冊	冊	冊	冊	0
	市区町村立図書館	冊	冊	冊	冊	冊	冊	0
他県（所属ブロック外）	都道府県立図書館	冊	冊	冊	冊	冊	冊	0
	（うち、NDL総目で所蔵情報を得たもの）	冊	冊	冊	冊	冊	冊	0
	政令指定都市立図書館	冊	冊	冊	冊	冊	冊	0
	（うち、NDL総目で所蔵情報を得たもの）	冊	冊	冊	冊	冊	冊	0
	市区町村立図書館	冊	冊	冊	冊	冊	冊	0
その他	国立国会図書館	冊	冊	冊	冊	冊	冊	0
	（うち、NDL総目で所蔵情報を得たもの）	冊	冊	冊	冊	冊	冊	0
	その他の館種（大学、専門等）	冊	冊	冊	冊	冊	冊	0
	月合計	0	0	0	0	0	0	0

【借受冊数記入表】

所在地　　　　　都道府県　　　　　市区町村

図書館名

国立国会図書館総合目録ネットワーク<統計調査>

借受冊数～資料刊行年代記入表（参考調査）

借受年月	借受資料の刊行年代 1949年以前	1950～1969	1970～1989	1990～1999	2000年～	年代不明
H15　4月	冊	冊	冊	冊	冊	冊
5月	冊	冊	冊	冊	冊	冊
6月	冊	冊	冊	冊	冊	冊
7月	冊	冊	冊	冊	冊	冊
8月	冊	冊	冊	冊	冊	冊
9月	冊	冊	冊	冊	冊	冊
小計	0	0	0	0	0	0
10月	冊	冊	冊	冊	冊	冊
11月	冊	冊	冊	冊	冊	冊
12月	冊	冊	冊	冊	冊	冊
H16　1月	冊	冊	冊	冊	冊	冊
2月	冊	冊	冊	冊	冊	冊
3月	冊	冊	冊	冊	冊	冊
合計	0	0	0	0	0	0

【参考調査）刊行年代記入表】

所在地 [ ] 都道府県 [ ] 市区町村

図書館名 [ ]

国立国会図書館総合目録ネットワーク＜統計調査＞貸出冊数記入表（前）

（参考調査⇒都道府県立図書館・政令指定都市立図書館中央館）

貸出先 地域	館種 ／ 資料発送年月	H15 4月	5月	6月	7月	8月	9月	上半期 小計
都道府県内	都道府県立図書館	冊	冊	冊	冊	冊	冊	0
	政令指定都市立図書館	冊	冊	冊	冊	冊	冊	0
	市区町村立図書館	冊	冊	冊	冊	冊	冊	0
他県（所属ブロック内）	都道府県立図書館	冊	冊	冊	冊	冊	冊	0
	政令指定都市立図書館	冊	冊	冊	冊	冊	冊	0
	市区町村立図書館	冊	冊	冊	冊	冊	冊	0
他県（所属ブロック外）	都道府県立図書館	冊	冊	冊	冊	冊	冊	0
	政令指定都市立図書館	冊	冊	冊	冊	冊	冊	0
	市区町村立図書館	冊	冊	冊	冊	冊	冊	0
その他の館種（大学、専門等）		冊	冊	冊	冊	冊	冊	0
	月合計	0	0	0	0	0	0	0

☐ チェック：上記数値には分館所蔵資料の貸出冊数を含む（中央館単独の算出ができない）

【参考調査）貸出冊数記入表】

所在地 [ ] 都道府県 [ ] 市区町村

図書館名 [ ]

国立国会図書館総合目録ネットワーク＜統計調査＞貸出冊数記入表(後)

(参考調査⇒都道府県立図書館・政令指定都市立図書館中央館)

貸出先 地域	館種 ＼ 資料発送年月	H15 10月	11月	12月	H16 1月	2月	3月	合計
都道府県内	都道府県立図書館	冊	冊	冊	冊	冊	冊	0
	政令指定都市立図書館	冊	冊	冊	冊	冊	冊	0
	市区町村立図書館	冊	冊	冊	冊	冊	冊	0
他県内(所属ブロック)	都道府県立図書館	冊	冊	冊	冊	冊	冊	0
	政令指定都市立図書館	冊	冊	冊	冊	冊	冊	0
	市区町村立図書館	冊	冊	冊	冊	冊	冊	0
他県外(所属ブロック)	都道府県立図書館	冊	冊	冊	冊	冊	冊	0
	政令指定都市立図書館	冊	冊	冊	冊	冊	冊	0
	市区町村立図書館	冊	冊	冊	冊	冊	冊	0
その他の館種(大学、専門等)		冊	冊	冊	冊	冊	冊	0
	月合計	0	0	0	0	0	0	0

□ チェック:上記数値には分館所蔵資料の貸出冊数を含む(中央館単独の算出ができない)

【参考調査)貸出冊数記入表】

11．2　＜アンケート＞集計結果一覧

館種		アンケート回収状況 配布数	回収数	回収率	Ⅰ 貴館書誌データの提供について Ⅰ－1 NDL総目へのデータの提供 はい	いいえ	データ提供予定	Ⅰ－2 蔵書目録のオンライン提供 はい	自館単独では提供していない	提供予定	提供していない	（Ⅰ－2で「はい」回答館） Ⅰ－2a 一般公開 はい	利用対象を限定している	Ⅰ－2b 検索以外 はい	いいえ
都道府県立図書館	データ提供館	39	38	97%	38			34	3	0	1	33	2	26	8
	データ検索館	16	15	94%		8	7	10	0	4	1	10	0	8	2
政令指定都市立図書館	データ提供館	5	5	100%	5			4	1	0	0	4	0	1	3
	データ検索館	7	7	100%		3	4	6	0	1	0	6	0	2	4
合計		67	65	97%	43	11	11	54	4	5	2	53	2	37	17

館種		Ⅱ 相互貸借業務について Ⅱ－1 相互貸借受付様式 図書館独自の様式が存在し、原則としてその様式でのみ依頼を受け付けている	図書館独自の様式が存在するが、ほかの様式でも受け付けている	図書館独自の様式はない	（Ⅰ－1で「はい」回答のデータ提供館） Ⅱ－2 NDL総目様式で受付 はい	いいえ	（Ⅱ－2で「はい」回答館） Ⅱ－2a NDL総目受付種別 FAX・メール共に受け付けている	FAXのみ受け付けている	メールのみ受け付けている	Ⅱ－3 県内協力貸出業務の担当者 専従の職員がいる	専従の職員と、他の業務と兼務している職員がいる	専従ではないが相互貸借業務の担当者がいる	特に担当者を定めていない	（Ⅱ－3で「専従の職員がいる」、「専従の職員と、他の業務と兼務している職員がいる」、「専従ではないが相互貸借業務の担当者がいる」回答館） Ⅱ－3b 担当職員数 専従の職員がいる	専従の職員と、他の業務と兼務している職員がいる	専従ではないが相互貸借業務の担当者がいる
都道府県立図書館	データ提供館	2	19	18	35	3	19	16	0	7	3	25	3	38人	12人	93人
	データ検索館	0	13	2						2	0	13	0	10人		13人
政令指定都市立図書館	データ提供館	0	4	1	4	1	1	3	0							
	データ検索館	0	0	7												
合計または職員数平均		2	36	28	39	4	20	19	0	9	3	38	3	5.3人	4.0人	2.8人

館種		Ⅱ 相互貸借業務について（つづき） （Ⅱ－3b. の非常勤職員数） Ⅱ－3c 非常勤職員の配置 専従の職員あり 非常勤を配置	職員のみ	その他	専従の職員と兼務職員 非常勤を配置	職員のみ	その他	相互貸借業務の担当者がいる 非常勤を配置	職員のみ	その他
都道府県立図書館	データ提供館	4	3	0	3	0	0	12	12	1
	（人数）	16			5			19		
	データ検索館	1	1	0	0	0	0	2	9	2
	（人数）	1						2		
回答館数		5	4	0	3	0	0	14	21	3
非常勤職員数平均		3.4			1.7			1.5		

Ⅱ　相互貸借業務について(つづき)

館種		Ⅱ－4　県外相互貸借業務の担当者				(Ⅱ－4で「専従の職員がいる」、「専従の職員と、他の業務と兼務している職員がいる」、「専従ではないが相互貸借業務の担当者がいる」回答館) Ⅱ－4b　担当職員数		
		専従の職員がいる	専従の職員と、他の業務と兼務している職員がいる	専従ではないが相互貸借業務の担当者がいる	特に担当者を定めていない	専従の職員がいる	専従の職員と、他の業務と兼務している職員がいる	専従ではないが相互貸借業務の担当者がいる
都道府県立図書館	データ提供館	1	3	33	1	6人	5人	93人
	データ検索館	0	1	14	0		2人	23人
政令指定都市立図書館	データ提供館	0	0	5	0			30人
	データ検索館	1	0	6	0	6人		22人
合計または職員数平均		2	4	58	1	6.0人	1.8人	2.9人

Ⅱ　相互貸借業務について(つづき)

(Ⅱ－4b. の非常勤職員数)

Ⅱ－4c　非常勤職員の配置

館種		専従の職員あり			専従の職員と兼務職員			相互貸借業務の担当者がいる		
		非常勤を配置	職員のみ	その他	非常勤を配置	職員のみ	その他	非常勤を配置	職員のみ	その他
都道府県立図書館	データ提供館	1	0	0	2	0	0	11	21	0
	(人数)	2			2			18		
	データ検索館	0	0	0	0	1	0	0	11	1
	(人数)									
政令指定都市立図書館	データ提供館	0	0	0	0	0	0	2	2	0
	(人数)							4		
	データ検索館	0	1	0	0	0	0	3	3	0
	(人数)							8		
回答館数		1	1	0	2	1	0	16	37	1
非常勤職員数平均		2			1			1.9		

Ⅱ　相互貸借業務について(つづき)

館種		Ⅱ－5　相互貸借の業務形態				Ⅱ－6 (略)	Ⅱ－7　相互貸借業務の変化 (1)	(2)　相互貸借業務にかかる時間				(3)　相互貸借業務にかかる人員・体制			
		貸出・借受ともに、中央館が窓口となってとりまとめている	貸出は中央館がとりまとめて作業を行うが、資料借受の依頼は各館から個別に行っている	貸出・借受ともに、各館個別に行っている	その他		次ページ表参照	増加	減少	変化なし	不明	変更した	人員・体制の見直しを具体的に検討している	人員・体制の変更はしていないが、従来の体制では厳しくなっている	影響なし
都道府県立図書館	データ提供館	0	0	4	1			31	2	4	1	6	0	24	8
	データ検索館	0	0	3	0			9	0	5	1	1	1	9	4
政令指定都市立図書館	データ提供館	1	3	1	0			4	0	1	0	1	0	3	1
	データ検索館	1	1	4	1			6	0	0	1	1	1	3	2
合計		2	4	12	2			50	2	10	3	9	2	39	15

Ⅱ 相互貸借業務について(つづき)

Ⅱ－7 相互貸借業務の変化

(1) 貸出依頼(分館を除く)

貸出依頼の種類	統計上増加傾向	統計上減少傾向	統計上変化は特に認められない	不明
① 全体	52	2	10	1
② 県外の県立図書館から	43	2	15	2
③ 県内の市区町村立図書館から	31	3	15	0
④ 県外（所属ブロック内）の市区町村立図書館から	29	1	16	4
⑤ 県外（所属ブロック外）の市区町村立図書館から	28	1	17	4

Ⅲ 県域・地域の情報ネットワークについて

館種		Ⅲ－1 県域総目の有無		Ⅲ－2 広域総目の有無		(Ⅲ－1で「はい」回答館) Ⅲ－3B（県域総目）		(Ⅲ－3Bで「DB化している」回答館) Ⅲ－3Ba DBの構築方式		
		はい	いいえ	はい	いいえ	DB化している	DB化していない	横断型	集中型	その他
都道府県立図書館	データ提供館	23	15	12	24	28	2	9	19	1
	データ検索館	9	6	3	12	7	0	3	2	2
政令指定都市立図書館	データ提供館									
	データ検索館									
合計		32	21	15	36	35	2	12	21	3

Ⅲ 県域・地域の情報ネットワークについて(つづき)

Ⅲ－3D 参加館の範囲

館種	自治体数			図書館数		
	参加			参加		
		データ提供	データ提供割合		データ提供館	データ提供館割合
県				41	45	－
政令市	12	9	75%	91	84	92%
市区町村	965	705	73%	1,878	1,672	89%
（公立図書館計）				2,010	1,801	90%
公民館				184	52	28%
大学				73	41	56%
その他				49	31	63%
合計	977	714	73%	2,316	1,925	83%

Ⅲ 県域・地域の情報ネットワークについて(つづき)

館種		Ⅲ－3E 収録対象資料の範囲								Ⅲ－3F 検索機能の利用対象			Ⅲ－3G 検索以外	
		一般和図書	郷土関係図書	行政資料	児童図書	外国語図書	逐次刊行物	視聴覚資料	その他	誰でも利用できる（ホームページ上などで一般公開している）	参加館のみの利用である	その他	はい	いいえ
都道府県立図書館	データ提供館	17	22	16	17	15	13	9	6	20	6	2	12	17
	データ検索館	6	6	6	6	6	5	4	2	6	1	0	4	3
政令指定都市立図書館	データ提供館													
	データ検索館													
合計		23	28	22	23	21	18	13	8	26	7	2	16	20

館種		Ⅲ 県域・地域の情報ネットワークについて(つづき) Ⅲ－4 総目構築予定(Ⅲ－1で「いいえ」回答館、Ⅲ－3Bで「DB化していない」回答館) はい	いいえ	Ⅲ－5 情報交換手段の有無 はい	いいえ	Ⅲ－6 県内所蔵確認方法 県域の総合目録の利用	Jcross等の検索	個別の冊子蔵書目録の調査	個別のOPACの検索	電話・FAX等で個別に問合わせ	県立図書館に問合わせ	市区町村立図書館間同士の相互貸借は行われていない	その他	Ⅲ－7 県域・地域総目とNDL総目との関係 「県域総合目録→NDL総目」という仕組みがあるとよい	「NDL総目→県域総合目録」という仕組みがあるとよい	県域総合目録の横断検索の一部としてNDL総目が検索できればよい	その他
都道府県立図書館	データ提供館	6	6	21	15	29	6	2	30	26	19	0	4	32	0	2	3
	データ検索館	5	1	9	6	11	7	0	13	13	9	0	1	9	0	5	0
政令指定都市立図書館	データ提供館			5	0	4	0	1	4	1	0	0	2	5	0	0	0
	データ検索館			5	2	4	2	1	2	1	2	0	0	4	0	3	0
合計		11	7	40	23	48	15	4	49	41	30	0	7	50	0	10	3

館種		Ⅳ 相互貸借資料の物流について Ⅳ－1 県内の資料配送手段 協力車を運行している	郵送	宅配便	その他	(Ⅳ－1で「協力車を運行している」回答館) Ⅳ－1a 協力車が来る頻度 週1回	月1回	その他の頻度、ルートによって異なる等	Ⅳ－1b 運行範囲 自治体数	運行範囲	運行割合	Ⅳ－1c 市区町村利用 行っている	行っていない
都道府県立図書館	データ提供館	26	11	22	7	8	2	16	1,508	844	56.00%	20	6
	データ検索館	11	8	6	0	3	1	7	762	567	74.40%	10	1
政令指定都市立図書館	データ提供館	3	1	0	2								
	データ検索館	3	4	0	2								
合計		43	24	28	11	11	3	23	2,270	1,411	62.20%	30	7

館種		Ⅳ 相互貸借資料の物流について(つづき) (Ⅳ－1で「郵送」回答館) Ⅳ－1d 資料の発送頻度 随時	日を決めて行う	その他	(Ⅳ－1で「宅配便」回答館) Ⅳ－1e 資料の発送頻度 随時	日を決めて行う	その他	Ⅳ－1f 定期発送契約 はい	いいえ
都道府県立図書館	データ提供館	6	3	1	10	12	1	11	9
	データ検索館	6	1	1	1	5		4	2
政令指定都市立図書館	データ提供館	1	0	0					
	データ検索館	4	0	0					
合計		17	4	2	11	17	1	15	11

館種		Ⅳ 相互貸借資料の物流について(つづき) Ⅳ－2 県外への資料配送手段 郵送	宅配	その他	(Ⅳ－2で「郵送」回答館) Ⅳ－2a 資料の発送頻度 随時	日を決めて行う	その他	(Ⅳ－2で「宅配」回答館) Ⅳ－2b 資料の発送頻度 随時	日を決めて行う	その他	Ⅳ－2c 定期発送契約 はい	いいえ
都道府県立図書館	データ提供館	36	8	1	31	5	0	4	4	0	4	4
	データ検索館	14	3	0	14	0	0	1	1	0	1	1
政令指定都市立図書館	データ提供館	5	0	0	4	1	0					
	データ検索館	7	0	0	0	0	0					
合計		62	11	1	49	6	0	5	5	0	5	5

館種		Ⅳ　相互貸借資料の物流について（つづき） Ⅳ－3　借受資料の送料負担 Ⅳ－3－1　県内の図書館から借受 ※複数回答6館				Ⅳ－3－2　県外（所属ブロック内）から借受 ①　借受館負担の場合				②　相互負担の場合			Ⅳ－3－3　県外（所属ブロック外）から借受 ①　借受館負担の場合				②　相互負担の場合		
		協力車を利用するので郵便・宅配等の送料負担は生じない	図書館で全額負担している	利用者に全額負担させている	その他	図書館で全額負担している	利用者に全額負担させている	利用者・図書館が片道分ずつ負担している	その他	発生した送料について、図書館で負担している	発生した送料について、利用者に負担させている	その他	図書館で全額負担している	利用者に全額負担させている	利用者・図書館が片道分ずつ負担している	その他	発生した送料について、図書館で負担している	発生した送料について、利用者に負担させている	その他
都道府県立図書館	データ提供館	20	12	2	6	23	9	2	1	27	9	0	23	10	2	0	24	11	0
	データ検索館	8	1	2	4	8	4	1	1	10	4	0	9	4	0	0	9	4	0
政令指定都市立図書館	データ提供館	3	1	0	2	3	2	0	0	3	1	0	3	2	1	1	3	2	1
	データ検索館	4	1	0	3	3	2	1	1	4	3	0	3	3	0	0	3	4	0
合計		35	15	4	15	37	17	4	3	44	17	0	38	19	3	1	39	21	1

館種		Ⅳ　相互貸借資料の物流について（つづき） Ⅳ－4　資料貸出の送料負担 Ⅳ－4－1　県内貸出 ※複数回答7館					Ⅳ－4－2　県外（所属ブロック内）貸出 ※複数回答1館				Ⅳ－4－3　県外（所属ブロック外）貸出				Ⅳ－5　相互貸借にかかる送料負担の増減				
		協力車を利用するため、郵便・宅配等の送料負担は生じない	全額貴館が負担している	貴館（貸出館）と借受館とで相互負担としている	全額借受館負担としている	その他	全額貴館が負担している	貴館（貸出館）と借受館とで相互負担としている	全額借受館負担としている	その他	全額貴館が負担している	貴館（貸出館）と借受館とで相互負担としている	全額借受館負担としている	その他	増えている	減っている	特に変わらない	全額利用者負担としているため、図書館としての送料負担はない	不明
都道府県立図書館	データ提供館	17	6	14	0	5	0	18	16	2	0	2	32	1	27	1	6	3	0
	データ検索館	5	0	5	0	4	0	7	7	0	3	1	10	0	8	1	3	1	1
政令指定都市立図書館	データ提供館	3	0	0	1	2	0	1	4	0	0	0	5	0	3	0	1	1	0
	データ検索館	4	0	2	1	2	0	5	2	0	0	2	5	0	5	0	1	1	0
合計		29	6	21	2	13	0	31	29	2	3	5	52	1	43	2	11	6	1

館種		Ⅴ　相互貸借に関する規程等について Ⅴ－1　県内		Ⅴ－2　所属ブロック内		Ⅴ－3　所属ブロック外		（Ⅴ－3で「適用していない」回答） Ⅴ－3a　手続きの有無		Ⅴ－4　相互貸借研修	
		ある	ない	ある	ない	適用している	適用していない	定めている	特に定めず、適宜対応している	ある	ない
都道府県立図書館	データ提供館	33	4	30	7	30	6	2	3	34	2
	データ検索館	13	2	13	2	12	2	0	2	12	3
政令指定都市立図書館	データ提供館					5	0	0	0		
	データ検索館					7	0	0	0		
合計		46	6	43	9	54	8	2	5	46	5

館種		Ⅶ NDL総目への参加資格要件について Ⅶ－1 市区町村立図書館分館 賛成	時期尚早	反対	Ⅶ－2 参加資格要件 厳密に「図書館法」適用施設の参加に限定すべき	現行どおり、資料の貸借において責任が持てる体制の公立施設（図書館）の参加のみ認めるべき	自治体に公立図書館未設置の場合に限り、公民館図書室の参加を認めてもよい	公民館図書室の参加を全面的に認めてもよい	「図書館」または「図書館に準ずる施設」以外には、将来の一般公開時に検索のみ可能とすべき（相互貸借依頼	その他
都道府県立図書館	データ提供館	24	8	3	1	24	6	1	3	1
	データ検索館	9	4	2	0	8	3	1	2	0
政令指定都市立図書館	データ提供館	3	2	0	0	3	1	0	0	0
	データ検索館	6	1	0	0	4	1	0	2	0
合計		42	15	5	1	39	11	2	7	1

館種		Ⅷ NDL総目・検索機能のインターネット上での一般公開について Ⅷ－1 一般公開の是非 賛成	時期尚早	反対
都道府県立図書館	データ提供館	18	12	5
	データ検索館	8	6	1
政令指定都市立図書館	データ提供館	2	3	0
	データ検索館	4	2	0
合計		32	23	6

１１．３．１．１　借受冊数

1館あたり借受冊数

地域	館種 ＼ 資料受理年月	H15 4月	5月	6月	7月	8月	9月	10月	11月	12月	H16 1月	2月	3月	合計
都道府県内	都道府県立図書館	21.2	23.6	21.9	26.1	24.7	21.6	25.4	23.5	21.7	24.0	23.8	23.6	281.0
	（うち、NDL総目で所蔵情報を得たもの）	0.5	0.5	0.4	0.5	0.6	0.5	0.7	0.7	0.5	0.4	0.7	0.8	6.7
	政令指定都市立図書館	2.6	3.4	3.0	3.6	4.3	3.9	4.3	3.6	3.6	3.5	3.3	3.9	42.9
	（うち、NDL総目で所蔵情報を得たもの）	0.2	0.2	0.2	0.1	0.2	0.2	0.2	0.1	0.1	0.2	0.1	0.1	1.9
	市区町村立図書館	24.0	26.7	24.4	27.9	26.8	24.8	29.6	26.0	24.5	26.0	27.0	29.8	317.5
他県（所属ブロック内）	都道府県立図書館	1.5	1.8	1.6	1.8	1.9	1.5	2.1	1.8	1.9	2.2	2.4	2.2	22.7
	（うち、NDL総目で所蔵情報を得たもの）	1.1	1.3	1.1	1.3	1.4	1.1	1.5	1.3	1.3	1.6	1.8	1.6	16.3
	政令指定都市立図書館	0.1	0.2	0.2	0.2	0.2	0.2	0.2	0.2	0.2	0.2	0.2	0.2	2.2
	（うち、NDL総目で所蔵情報を得たもの）	0.1	0.1	0.1	0.1	0.1	0.1	0.1	0.1	0.1	0.1	0.1	0.1	1.1
	市区町村立図書館	0.4	0.6	0.5	0.7	0.6	0.6	0.7	0.7	0.7	0.6	0.6	0.7	7.4
他県（所属ブロック外）	都道府県立図書館	1.2	1.5	1.3	1.7	1.4	1.4	1.8	1.7	1.4	1.6	1.6	1.8	18.4
	（うち、NDL総目で所蔵情報を得たもの）	1.1	1.3	1.1	1.5	1.3	1.3	1.6	1.5	1.2	1.4	1.4	1.5	16.3
	政令指定都市立図書館	0.0	0.1	0.0	0.1	0.1	0.1	0.1	0.1	0.1	0.1	0.1	0.1	0.8
	（うち、NDL総目で所蔵情報を得たもの）	0.0	0.1	0.0	0.0	0.1	0.1	0.0	0.1	0.0	0.1	0.1	0.1	0.6
	市区町村立図書館	0.2	0.2	0.2	0.2	0.2	0.2	0.2	0.2	0.1	0.2	0.1	0.2	2.1
その他	国立国会図書館	0.7	0.7	0.7	0.7	0.7	0.7	1.0	0.9	0.7	0.8	0.9	0.9	9.2
	（うち、NDL総目で所蔵情報を得たもの）	0.5	0.5	0.4	0.5	0.4	0.4	0.6	0.5	0.5	0.5	0.6	0.6	6.1
	その他の館種（大学、専門等）	0.4	0.5	0.5	0.4	0.4	0.3	0.6	0.7	0.6	0.5	0.5	0.5	5.8
	月合計	52.4	59.2	54.3	63.3	61.2	55.1	65.8	59.3	55.5	59.6	60.5	63.8	710.1

11．3．1．2　刊行年代別借受冊数

1館あたり借受冊数

借受年月	借受資料の刊行年代 1949年以前		1950～1969		1970～1989		1990～1999		2000年～		年代不明	
H15 4月	0.4	冊	1.3	冊	7.4	冊	12.2	冊	11.1	冊	1.5	冊
5月	0.5	冊	1.4	冊	8.0	冊	12.8	冊	12.3	冊	1.6	冊
6月	0.4	冊	1.2	冊	7.3	冊	11.5	冊	11.5	冊	1.5	冊
7月	0.4	冊	1.5	冊	8.4	冊	13.5	冊	12.4	冊	1.7	冊
8月	0.3	冊	1.4	冊	8.7	冊	13.0	冊	12.3	冊	1.9	冊
9月	0.4	冊	1.2	冊	7.4	冊	12.3	冊	11.5	冊	1.8	冊
10月	0.5	冊	1.6	冊	9.0	冊	15.1	冊	15.7	冊	3.5	冊
11月	0.5	冊	1.5	冊	8.8	冊	13.2	冊	14.6	冊	2.7	冊
12月	0.5	冊	1.5	冊	7.6	冊	11.7	冊	13.9	冊	2.6	冊
H16 1月	0.5	冊	1.5	冊	8.1	冊	12.9	冊	15.0	冊	3.6	冊
2月	0.5	冊	1.7	冊	8.6	冊	12.7	冊	14.9	冊	3.3	冊
3月	0.6	冊	1.9	冊	9.1	冊	14.0	冊	16.1	冊	2.8	冊
合計	5.4		17.7		98.5		154.9		161.4		28.5	

11．3．1．3　貸出冊数

1館あたり貸出冊数

貸出先 地域	館種 ＼ 資料発送年月	H15 4月	5月	6月	7月	8月	9月	10月	11月	12月	H16 1月	2月	3月	合計
都道府県内	都道府県立図書館	2.1 冊	2.0 冊	1.8 冊	2.1 冊	1.9 冊	1.9 冊	1.6 冊	1.4 冊	1.3 冊	1.3 冊	1.5 冊	1.6 冊	20.6
	政令指定都市立図書館	21.4 冊	21.9 冊	20.7 冊	26.8 冊	22.6 冊	22.5 冊	16.5 冊	15.6 冊	14.2 冊	15.3 冊	17.1 冊	17.3 冊	231.9
	市区町村立図書館	776.6 冊	831.3 冊	823.4 冊	974.7 冊	857.2 冊	774.9 冊	831.6 冊	691.1 冊	663.7 冊	732.1 冊	716.7 冊	736.7 冊	9410.0
他県（所属ブロック内）	都道府県立図書館	4.2 冊	6.1 冊	4.3 冊	5.3 冊	6.2 冊	4.5 冊	5.7 冊	5.3 冊	4.8 冊	6.0 冊	7.2 冊	7.1 冊	66.7
	政令指定都市立図書館	2.1 冊	2.2 冊	2.0 冊	2.6 冊	2.5 冊	2.2 冊	1.8 冊	2.0 冊	2.5 冊	2.1 冊	2.2 冊	2.8 冊	26.9
	市区町村立図書館	13.5 冊	13.9 冊	14.6 冊	14.5 冊	13.8 冊	12.6 冊	11.7 冊	9.8 冊	9.9 冊	11.2 冊	11.0 冊	11.4 冊	147.9
他県（所属ブロック外）	都道府県立図書館	3.8 冊	4.1 冊	3.7 冊	5.0 冊	4.5 冊	3.6 冊	4.4 冊	4.3 冊	3.3 冊	3.8 冊	4.3 冊	4.2 冊	49.0
	政令指定都市立図書館	1.3 冊	1.4 冊	1.5 冊	2.2 冊	1.6 冊	1.7 冊	1.9 冊	1.7 冊	1.5 冊	2.0 冊	1.8 冊	1.4 冊	20.0
	市区町村立図書館	9.8 冊	11.6 冊	11.8 冊	13.8 冊	10.0 冊	9.5 冊	9.5 冊	7.8 冊	7.5 冊	8.9 冊	8.7 冊	9.8 冊	118.7
その他の館種（大学、専門等）		73.0 冊	115.3 冊	123.0 冊	61.6 冊	80.1 冊	102.1 冊	137.3 冊	75.9 冊	92.5 冊	110.3 冊	73.9 冊	53.9 冊	1099.0
	月合計	907.7	1010.0	1007.0	1108.7	1000.4	935.4	1022.1	814.8	801.3	892.8	844.4	846.3	11190.9

☐ チェック：上記数値には分館所蔵資料の貸出冊数を含む（中央館単独の算出ができない）

11．3．2．1．1　借受冊数－都道府県立図書館

都道府県立図書館1館あたり

地域	館種 ＼ 資料受理年月	H15 4月	5月	6月	7月	8月	9月	10月	11月	12月	H16 1月	2月	3月	合計
都道府県内	都道府県立図書館	0.0	0.0	0.0	0.0	0.0	0.0	0.0	0.0	0.0	0.0	0.0	0.0	0.0
	（うち、NDL総目で所蔵情報を得たもの）	0.0	0.0	0.0	0.0	0.0	0.0	0.0	0.0	0.0	0.0	0.0	0.0	0.0
	政令指定都市立図書館	2.5	2.7	2.3	2.4	2.3	2.1	2.0	2.3	2.2	2.0	1.7	2.0	26.5
	（うち、NDL総目で所蔵情報を得たもの）	0.2	0.2	0.2	0.2	0.1	0.3	0.2	0.1	0.2	0.1	0.2	0.2	2.3
	市区町村立図書館	16.1	19.5	19.9	24.4	22.3	16.5	22.5	22.1	20.8	23.5	24.3	24.3	256.3
他県（所属ブロック内）	都道府県立図書館	4.5	5.8	4.9	5.7	6.5	4.8	5.5	5.1	6.1	5.9	8.1	6.6	69.7
	（うち、NDL総目で所蔵情報を得たもの）	3.9	5.2	4.1	5.0	5.9	4.3	4.5	4.4	4.9	5.5	7.6	6.0	61.3
	政令指定都市立図書館	0.5	0.6	0.6	0.6	0.8	0.7	0.5	0.5	0.5	0.5	0.7	0.6	7.1
	（うち、NDL総目で所蔵情報を得たもの）	0.4	0.5	0.5	0.5	0.7	0.5	0.4	0.4	0.4	0.4	0.7	0.5	6.1
	市区町村立図書館	0.2	0.6	0.6	0.7	0.6	0.2	0.8	0.7	0.7	0.6	0.5	0.6	7.0
他県（所属ブロック外）	都道府県立図書館	4.3	5.6	4.7	5.7	5.4	4.3	5.2	4.9	4.6	4.8	5.6	5.4	60.4
	（うち、NDL総目で所蔵情報を得たもの）	4.1	5.0	4.1	5.0	4.9	4.1	4.6	4.6	4.2	4.3	5.1	4.6	54.7
	政令指定都市立図書館	0.1	0.2	0.1	0.2	0.1	0.1	0.1	0.4	0.1	0.2	0.1	0.2	2.0
	（うち、NDL総目で所蔵情報を得たもの）	0.1	0.2	0.0	0.1	0.1	0.1	0.1	0.2	0.1	0.2	0.1	0.2	1.6
	市区町村立図書館	0.2	0.2	0.4	0.1	0.6	0.3	0.5	0.5	0.2	0.4	0.2	0.3	3.9
その他	国立国会図書館	1.4	1.5	2.1	1.8	1.5	1.9	2.5	1.5	1.5	1.5	1.9	1.7	20.9
	（うち、NDL総目で所蔵情報を得たもの）	1.2	1.3	1.6	1.7	1.4	1.5	2.0	1.4	1.3	1.4	1.9	1.3	17.9
	その他の館種（大学、専門等）	0.4	0.8	0.7	0.5	0.8	0.4	0.7	1.4	1.5	1.0	0.6	0.8	9.7
	月合計	30.1	37.5	36.4	42.1	41.0	31.5	40.3	39.5	38.2	40.5	43.9	42.5	463.4

11．3．2．1．2　借受冊数－政令指定都市立図書館中央館

政令指定都市立図書館中央館1館あたり

地域	館種 ＼ 資料受理年月	H15 4月	5月	6月	7月	8月	9月	10月	11月	12月	H16 1月	2月	3月	合計
都道府県内	都道府県立図書館	32.9冊	38.2冊	37.2冊	42.5冊	39.7冊	37.5冊	35.4冊	32.6冊	27.0冊	24.6冊	30.2冊	28.0冊	405.7
	（うち、NDL総目で所蔵情報を得たもの）	5.5冊	7.5冊	4.2冊	6.6冊	9.4冊	6.5冊	7.3冊	8.3冊	4.6冊	3.6冊	9.3冊	5.7冊	78.4
	政令指定都市立図書館	9.2冊	10.1冊	12.8冊	8.5冊	15.4冊	13.6冊	12.8冊	9.9冊	8.5冊	10.8冊	6.5冊	7.0冊	125.0
	（うち、NDL総目で所蔵情報を得たもの）	4.6冊	5.7冊	7.0冊	3.3冊	7.5冊	7.1冊	4.1冊	2.3冊	2.1冊	4.2冊	1.7冊	2.3冊	51.9
	市区町村立図書館	65.5冊	61.5冊	52.5冊	62.3冊	49.5冊	55.1冊	55.2冊	37.1冊	40.5冊	43.8冊	44.5冊	54.3冊	621.7
他県（所属ブロック内）	都道府県立図書館	3.8冊	6.2冊	5.9冊	6.8冊	7.5冊	6.3冊	7.7冊	6.0冊	9.9冊	10.3冊	6.8冊	8.5冊	85.7
	（うち、NDL総目で所蔵情報を得たもの）	3.2冊	4.8冊	5.2冊	5.0冊	5.8冊	5.5冊	5.8冊	5.4冊	5.5冊	7.0冊	5.3冊	4.9冊	63.4
	政令指定都市立図書館	0.1冊	0.4冊	0.0冊	0.0冊	0.0冊	0.1冊	0.2冊	0.1冊	0.0冊	0.0冊	0.0冊	0.0冊	0.8
	（うち、NDL総目で所蔵情報を得たもの）	0.1冊	0.4冊	0.0冊	0.0冊	0.0冊	0.1冊	0.1冊	0.0冊	0.0冊	0.0冊	0.0冊	0.0冊	0.6
	市区町村立図書館	1.7冊	1.6冊	0.8冊	2.4冊	1.4冊	2.5冊	3.3冊	3.8冊	2.6冊	4.8冊	4.5冊	3.4冊	32.7
他県（所属ブロック外）	都道府県立図書館	3.3冊	3.9冊	3.8冊	5.9冊	3.3冊	5.3冊	6.3冊	8.0冊	4.5冊	6.6冊	5.0冊	5.4冊	61.4
	（うち、NDL総目で所蔵情報を得たもの）	3.0冊	3.8冊	3.8冊	5.6冊	3.0冊	4.5冊	6.0冊	7.5冊	4.0冊	5.8冊	4.3冊	4.2冊	55.5
	政令指定都市立図書館	0.0冊	0.3冊	0.2冊	0.1冊	0.5冊	0.2冊	0.0冊	0.1冊	0.2冊	0.2冊	0.3冊	0.3冊	2.3
	（うち、NDL総目で所蔵情報を得たもの）	0.0冊	0.2冊	0.2冊	0.1冊	0.3冊	0.2冊	0.0冊	0.0冊	0.2冊	0.2冊	0.3冊	0.3冊	1.8
	市区町村立図書館	2.8冊	1.8冊	1.8冊	2.2冊	2.5冊	1.8冊	0.6冊	0.5冊	0.3冊	0.6冊	0.9冊	1.3冊	16.9
その他	国立国会図書館	1.8冊	4.5冊	1.4冊	3.1冊	1.8冊	2.1冊	2.7冊	2.3冊	2.3冊	2.7冊	2.0冊	3.8冊	30.4
	（うち、NDL総目で所蔵情報を得たもの）	0.9冊	3.8冊	1.2冊	1.8冊	0.8冊	1.2冊	1.9冊	1.3冊	1.3冊	1.8冊	1.5冊	2.4冊	19.9
	その他の館種（大学、専門等）	2.5冊	3.2冊	2.4冊	3.5冊	2.2冊	1.8冊	3.3冊	3.5冊	2.8冊	3.4冊	2.1冊	3.3冊	34.2
月合計		123.7	131.6	118.8	137.2	123.8	126.3	127.3	103.7	98.6	107.7	102.8	115.3	1416.9

11．3．2．1．3　借受冊数－政令指定都市立図書館分館

政令指定都市立図書館分館1館あたり

地域	館種＼資料受理年月	H15 4月	5月	6月	7月	8月	9月	10月	11月	12月	H16 1月	2月	3月	合計
都道府県内	都道府県立図書館	6.3	6.3	6.0	7.2	8.0	6.5	6.6	6.6	6.7	6.6	6.2	6.9	79.8
	（うち、NDL総目で所蔵情報を得たもの）	0.8	0.6	0.6	0.7	0.9	1.0	1.0	1.2	0.9	1.0	0.5	1.0	10.2
	政令指定都市立図書館	1.2	0.9	0.7	1.1	1.2	1.7	1.7	1.5	1.5	2.0	1.3	1.6	16.5
	（うち、NDL総目で所蔵情報を得たもの）	0.0	0.0	0.0	0.0	0.0	0.0	0.0	0.0	0.0	0.0	0.0	0.0	0.0
	市区町村立図書館	9.8	11.2	9.7	10.4	12.3	11.4	12.7	11.1	10.5	9.6	10.2	12.0	130.7
他県（所属ブロック内）	都道府県立図書館	0.4	0.4	0.6	0.4	0.4	0.4	0.2	0.4	0.4	0.4	0.4	0.5	5.0
	（うち、NDL総目で所蔵情報を得たもの）	0.3	0.3	0.5	0.3	0.3	0.3	0.2	0.2	0.2	0.2	0.2	0.2	3.2
	政令指定都市立図書館	0.0	0.0	0.1	0.0	0.0	0.0	0.0	0.1	0.0	0.0	0.0	0.0	0.2
	（うち、NDL総目で所蔵情報を得たもの）	0.0	0.0	0.1	0.0	0.0	0.0	0.0	0.0	0.0	0.0	0.0	0.0	0.1
	市区町村立図書館	0.0	0.3	0.1	0.0	0.0	0.0	0.1	0.0	0.0	0.0	0.0	0.1	0.7
他県（所属ブロック外）	都道府県立図書館	0.5	0.7	0.3	0.7	0.5	0.7	0.8	0.6	0.4	0.5	0.5	0.6	6.8
	（うち、NDL総目で所蔵情報を得たもの）	0.4	0.6	0.2	0.6	0.5	0.7	0.5	0.4	0.3	0.2	0.4	0.4	5.3
	政令指定都市立図書館	0.0	0.1	0.0	0.0	0.1	0.0	0.0	0.0	0.1	0.1	0.1	0.1	0.5
	（うち、NDL総目で所蔵情報を得たもの）	0.0	0.1	0.0	0.0	0.0	0.0	0.0	0.0	0.0	0.0	0.0	0.0	0.3
	市区町村立図書館	0.1	0.0	0.1	0.1	0.1	0.1	0.0	0.0	0.0	0.0	0.0	0.0	0.6
その他	国立国会図書館	0.2	0.2	0.1	0.2	0.2	0.2	0.1	0.1	0.1	0.2	0.2	0.3	2.2
	（うち、NDL総目で所蔵情報を得たもの）	0.2	0.2	0.1	0.2	0.2	0.2	0.1	0.1	0.1	0.1	0.1	0.3	1.9
	その他の館種（大学、専門等）	0.8	0.4	0.6	0.3	0.3	0.3	0.3	0.4	0.4	0.2	0.5	0.2	4.7
	月合計	19.3	20.5	18.3	20.3	23.0	21.4	22.6	20.8	20.2	19.6	19.5	22.2	247.8

11．3．2．1．4　借受冊数－市区町村立図書館

市区町村立図書館1館あたり

地域	館種 ＼ 資料受理年月	H15 4月	5月	6月	7月	8月	9月	10月	11月	12月	H16 1月	2月	3月	合計
都道府県内	都道府県立図書館	27.6	30.8	28.5	34.0	31.9	27.9	35.2	32.4	30.0	33.6	33.2	32.8	377.7
	（うち、NDL総目で所蔵情報を得たもの）	0.3	0.2	0.2	0.3	0.3	0.3	0.4	0.3	0.3	0.2	0.4	0.6	4.1
	政令指定都市立図書館	2.8	3.9	3.4	4.2	5.0	4.3	5.0	4.1	4.3	3.8	4.0	4.8	49.5
	（うち、NDL総目で所蔵情報を得たもの）	0.0	0.0	0.0	0.0	0.0	0.0	0.0	0.0	0.0	0.1	0.0	0.0	0.4
	市区町村立図書館	27.3	30.4	27.8	31.7	30.4	28.4	34.6	30.4	28.5	30.3	31.5	34.8	366.0
他県（所属ブロック内）	都道府県立図書館	1.3	1.5	1.2	1.4	1.4	1.1	1.6	1.4	1.2	1.6	1.6	1.5	16.7
	（うち、NDL総目で所蔵情報を得たもの）	0.8	0.8	0.7	0.9	0.8	0.7	1.0	0.8	0.7	1.0	1.0	0.9	10.1
	政令指定都市立図書館	0.1	0.2	0.1	0.2	0.1	0.1	0.2	0.2	0.2	0.2	0.2	0.2	2.0
	（うち、NDL総目で所蔵情報を得たもの）	0.0	0.1	0.0	0.1	0.0	0.0	0.0	0.0	0.0	0.0	0.0	0.0	0.5
	市区町村立図書館	0.5	0.7	0.6	0.8	0.8	0.7	0.7	0.8	0.7	0.6	0.6	0.8	8.2
他県（所属ブロック外）	都道府県立図書館	0.9	1.0	1.0	1.2	1.0	1.0	1.3	1.1	0.9	1.1	0.9	1.2	12.6
	（うち、NDL総目で所蔵情報を得たもの）	0.8	0.9	0.8	1.0	0.8	0.9	1.2	1.0	0.8	1.0	0.8	1.1	11.1
	政令指定都市立図書館	0.0	0.0	0.0	0.1	0.0	0.1	0.0	0.1	0.0	0.0	0.0	0.1	0.5
	（うち、NDL総目で所蔵情報を得たもの）	0.0	0.0	0.0	0.0	0.0	0.0	0.0	0.0	0.0	0.0	0.0	0.1	0.4
	市区町村立図書館	0.1	0.1	0.1	0.2	0.2	0.1	0.2	0.1	0.1	0.1	0.1	0.2	1.6
その他	国立国会図書館	0.7	0.5	0.6	0.6	0.6	0.6	0.9	0.9	0.6	0.8	0.8	0.8	8.3
	（うち、NDL総目で所蔵情報を得たもの）	0.5	0.3	0.3	0.3	0.3	0.3	0.5	0.5	0.4	0.3	0.5	0.5	4.7
	その他の館種（大学、専門等）	0.2	0.4	0.3	0.3	0.3	0.3	0.5	0.6	0.4	0.4	0.3	0.4	4.3
	月合計	61.5	69.4	63.7	74.5	71.6	64.5	80.3	72.1	66.9	72.5	73.4	77.4	847.6

１１．３．２．２．１　刊行年代別借受冊数－都道府県立図書館

都道府県立図書館１館あたり

借受年月	借受資料の刊行年代 1949年以前		1950～1969		1970～1989		1990～1999		2000年～		年代不明	
H15　4月	0.7	冊	2.2	冊	7.0	冊	7.0	冊	5.9	冊	0.4	冊
5月	1.0	冊	1.8	冊	7.3	冊	8.1	冊	7.1	冊	0.2	冊
6月	0.8	冊	2.0	冊	6.0	冊	7.1	冊	6.0	冊	0.2	冊
7月	0.6	冊	2.2	冊	7.0	冊	9.0	冊	7.7	冊	0.5	冊
8月	0.8	冊	2.1	冊	7.8	冊	9.2	冊	6.7	冊	0.6	冊
9月	0.5	冊	1.5	冊	6.1	冊	6.4	冊	6.1	冊	0.5	冊
10月	0.5	冊	1.9	冊	6.7	冊	8.3	冊	8.0	冊	0.3	冊
11月	1.4	冊	2.0	冊	7.1	冊	8.6	冊	7.3	冊	0.2	冊
12月	0.9	冊	2.1	冊	6.5	冊	8.1	冊	7.0	冊	0.3	冊
H16　1月	1.3	冊	1.3	冊	5.4	冊	8.3	冊	8.0	冊	0.5	冊
2月	0.7	冊	2.6	冊	7.8	冊	9.0	冊	7.4	冊	0.4	冊
3月	0.8	冊	2.6	冊	7.7	冊	8.1	冊	9.0	冊	0.7	冊
合計	10.2		24.3		82.3		97.3		86.2		4.8	

１１．３．２．２．２　刊行年代別借受冊数－政令指定都市立図書館中央館

政令指定都市立図書館中央館1館あたり

借受年月	借受資料の刊行年代 1949年以前		1950～1969		1970～1989		1990～1999		2000年～		年代不明	
H15　4月	0.6	冊	3.0	冊	19.4	冊	35.0	冊	35.6	冊	0.6	冊
5月	1.2	冊	6.8	冊	22.6	冊	36.6	冊	31.0	冊	2.4	冊
6月	0.6	冊	4.8	冊	13.6	冊	29.2	冊	25.4	冊	3.4	冊
7月	1.6	冊	5.8	冊	23.4	冊	41.8	冊	40.2	冊	4.0	冊
8月	1.8	冊	3.6	冊	17.2	冊	38.6	冊	38.6	冊	3.4	冊
9月	2.2	冊	5.6	冊	17.6	冊	40.4	冊	39.2	冊	1.6	冊
10月	1.5	冊	6.5	冊	28.0	冊	56.8	冊	48.5	冊	0.0	冊
11月	1.3	冊	3.8	冊	29.0	冊	41.0	冊	38.5	冊	0.0	冊
12月	0.3	冊	4.3	冊	22.0	冊	35.3	冊	39.3	冊	1.5	冊
H16　1月	1.5	冊	4.3	冊	22.5	冊	38.3	冊	45.0	冊	0.0	冊
2月	2.3	冊	5.0	冊	22.3	冊	35.3	冊	52.8	冊	0.0	冊
3月	1.8	冊	4.5	冊	22.5	冊	38.5	冊	57.0	冊	0.0	冊
合計	16.5		57.9		260.1		466.6		491.0		16.9	

１１．３．２．２．３　刊行年代別借受冊数－政令指定都市立図書館分館

政令指定都市立図書館分館1館あたり

借受年月		借受資料の刊行年代 1949年以前		1950～1969		1970～1989		1990～1999		2000年～		年代不明	
H15	4月	0.2	冊	0.3	冊	2.8	冊	4.9	冊	7.5	冊	0.2	冊
	5月	0.2	冊	0.5	冊	2.3	冊	5.3	冊	7.0	冊	0.2	冊
	6月	0.1	冊	0.3	冊	2.3	冊	4.9	冊	5.3	冊	0.1	冊
	7月	0.1	冊	0.4	冊	3.2	冊	4.9	冊	6.6	冊	0.1	冊
	8月	0.1	冊	0.5	冊	3.1	冊	5.9	冊	7.1	冊	0.3	冊
	9月	0.1	冊	0.4	冊	3.4	冊	6.0	冊	7.3	冊	0.1	冊
	10月	0.1	冊	0.4	冊	3.1	冊	6.3	冊	7.5	冊	0.2	冊
	11月	0.1	冊	0.6	冊	3.3	冊	6.0	冊	6.2	冊	0.1	冊
	12月	0.2	冊	0.5	冊	2.8	冊	4.7	冊	6.2	冊	0.1	冊
H16	1月	0.1	冊	0.7	冊	3.1	冊	4.8	冊	6.3	冊	0.0	冊
	2月	0.1	冊	0.6	冊	3.3	冊	4.9	冊	7.1	冊	0.2	冊
	3月	0.1	冊	0.7	冊	3.4	冊	5.7	冊	7.6	冊	0.1	冊
	合計	1.5		5.9		35.8		64.3		81.7		1.6	

１１．３．２．２．４　刊行年代別借受冊数－市区町村立図書館

市区町村立図書館1館あたり

借受年月		借受資料の刊行年代 1949年以前		1950～1969		1970～1989		1990～1999		2000年～		年代不明	
H15	4月	0.3	冊	1.3	冊	8.6	冊	14.9	冊	12.6	冊	2.5	冊
	5月	0.5	冊	1.5	冊	9.6	冊	15.3	冊	14.5	冊	2.9	冊
	6月	0.4	冊	1.2	冊	8.9	冊	14.0	冊	14.1	冊	2.5	冊
	7月	0.5	冊	1.5	冊	9.9	冊	16.3	冊	14.4	冊	2.8	冊
	8月	0.2	冊	1.5	冊	10.2	冊	15.3	冊	14.3	冊	3.2	冊
	9月	0.4	冊	1.3	冊	8.6	冊	14.6	冊	13.2	冊	3.0	冊
	10月	0.6	冊	1.7	冊	10.9	冊	18.4	冊	19.3	冊	5.3	冊
	11月	0.4	冊	1.6	冊	10.4	冊	15.8	冊	18.4	冊	4.2	冊
	12月	0.4	冊	1.6	冊	9.0	冊	14.1	冊	17.3	冊	3.9	冊
H16	1月	0.4	冊	1.8	冊	9.9	冊	15.9	冊	18.5	冊	5.6	冊
	2月	0.5	冊	1.8	冊	10.1	冊	15.3	冊	18.2	冊	5.0	冊
	3月	0.6	冊	2.1	冊	10.8	冊	17.3	冊	19.4	冊	4.1	冊
合計		5.2		18.8		116.9		187.1		194.2		45.1	

11．3．2．3．1　貸出冊数－都道府県立図書館

都道府県立図書館1館あたり

貸出先地域	館種 ＼ 資料発送年月	H15 4月	5月	6月	7月	8月	9月	10月	11月	12月	H16 1月	2月	3月	合計
都道府県内	都道府県立図書館	0.0 冊	0.0 冊	0.0 冊	0.0 冊	0.0 冊	0.0 冊	0.0 冊	0.0 冊	0.0 冊	0.0 冊	0.0 冊	0.0 冊	0.0
	政令指定都市立図書館	21.1 冊	22.0 冊	20.4 冊	26.9 冊	21.4 冊	21.4 冊	17.8 冊	18.9 冊	17.6 冊	15.7 冊	20.1 冊	20.8 冊	244.2
	市区町村立図書館	873.7 冊	931.3 冊	923.3 冊	1087.2 冊	940.8 冊	855.6 冊	1028.4 冊	850.4 冊	828.4 冊	914.3 冊	896.5 冊	917.6 冊	11047.5
他県（所属ブロック内）	都道府県立図書館	4.6 冊	6.7 冊	4.5 冊	5.6 冊	6.4 冊	4.6 冊	6.2 冊	5.6 冊	5.2 冊	6.3 冊	7.5 冊	7.7 冊	70.8
	政令指定都市立図書館	2.3 冊	2.3 冊	2.4 冊	3.0 冊	3.0 冊	2.6 冊	2.4 冊	2.4 冊	3.0 冊	2.6 冊	2.6 冊	3.4 冊	31.8
	市区町村立図書館	14.2 冊	14.7 冊	15.5 冊	15.2 冊	14.9 冊	13.6 冊	13.9 冊	12.3 冊	12.8 冊	13.8 冊	13.4 冊	25.2 冊	179.6
他県（所属ブロック外）	都道府県立図書館	4.4 冊	4.8 冊	4.2 冊	5.8 冊	5.0 冊	4.0 冊	5.1 冊	4.8 冊	4.0 冊	4.5 冊	5.1 冊	4.9 冊	56.7
	政令指定都市立図書館	1.4 冊	1.5 冊	1.6 冊	2.5 冊	1.7 冊	1.9 冊	2.2 冊	2.1 冊	1.8 冊	2.3 冊	2.0 冊	1.9 冊	23.0
	市区町村立図書館	11.2 冊	12.8 冊	13.4 冊	15.5 冊	11.4 冊	10.5 冊	11.2 冊	9.8 冊	8.5 冊	10.7 冊	10.3 冊	21.4 冊	146.8
その他の館種（大学、専門等）		85.8 冊	135.5 冊	144.8 冊	72.3 冊	94.5 冊	120.2 冊	160.9 冊	88.6 冊	108.1 冊	129.4 冊	87.0 冊	63.2 冊	1290.4
	月合計	1018.7	1131.6	1130.2	1233.9	1099.1	1034.4	1248.0	995.0	989.4	1099.7	1044.6	1066.2	13090.9

□ チェック：上記数値には分館所蔵資料の貸出冊数を含む（中央館単独の算出ができない）

11．3．2．3．2　貸出冊数－政令指定都市立図書館中央館

政令指定都市立図書館中央館1館あたり

貸出先地域	館種＼資料発送年月	H15 4月	5月	6月	7月	8月	9月	10月	11月	12月	H16 1月	2月	3月	合計
都道府県内	都道府県立図書館	13.3 冊	13.0 冊	11.9 冊	13.8 冊	12.4 冊	12.0 冊	10.9 冊	9.5 冊	8.6 冊	8.4 冊	10.3 冊	10.4 冊	134.4
	政令指定都市立図書館	23.2 冊	21.6 冊	22.2 冊	26.4 冊	29.1 冊	28.1 冊	34.0 冊	20.6 冊	22.9 冊	37.1 冊	22.6 冊	26.3 冊	314.2
	市区町村立図書館	248.2 冊	286.9 冊	279.8 冊	362.3 冊	401.9 冊	335.8 冊	395.0 冊	348.4 冊	304.8 冊	338.6 冊	292.4 冊	345.9 冊	3939.9
他県（所属ブロック内）	都道府県立図書館	2.2 冊	3.1 冊	3.4 冊	3.7 冊	5.1 冊	3.9 冊	5.1 冊	4.9 冊	4.0 冊	4.8 冊	6.6 冊	4.9 冊	51.7
	政令指定都市立図書館	0.4 冊	1.8 冊	0.1 冊	0.9 冊	0.1 冊	0.0 冊	0.3 冊	0.0 冊	0.0 冊	0.1 冊	0.4 冊	0.3 冊	4.3
	市区町村立図書館	9.9 冊	9.4 冊	10.0 冊	10.7 冊	7.7 冊	7.3 冊	9.4 冊	7.6 冊	5.3 冊	6.1 冊	7.8 冊	11.8 冊	102.9
他県（所属ブロック外）	都道府県立図書館	0.8 冊	0.4 冊	0.6 冊	0.7 冊	1.9 冊	1.1 冊	1.3 冊	2.9 冊	0.9 冊	1.5 冊	1.6 冊	1.5 冊	15.1
	政令指定都市立図書館	0.3 冊	0.9 冊	0.9 冊	0.3 冊	0.7 冊	0.7 冊	0.6 冊	0.3 冊	0.9 冊	0.6 冊	1.0 冊	0.4 冊	7.5
	市区町村立図書館	1.9 冊	5.2 冊	3.0 冊	5.0 冊	2.2 冊	3.9 冊	3.9 冊	3.0 冊	5.3 冊	2.9 冊	3.3 冊	2.5 冊	42.0
その他の館種（大学、専門等）		3.3 冊	5.2 冊	4.2 冊	3.3 冊	1.9 冊	3.9 冊	5.0 冊	4.8 冊	5.3 冊	2.5 冊	2.0 冊	2.8 冊	44.1
	月合計	303.7	347.6	336.1	427.1	463.0	396.7	465.4	401.9	357.8	402.6	347.9	406.5	4656.1

□ チェック：上記数値には分館所蔵資料の貸出冊数を含む（中央館単独の算出ができない）

総合目録の現状と今後の方向性

――第 12 回総合目録ネットワーク参加館フォーラム講演――

目次

第12回総合目録ネットワーク参加館フォーラム
日時：平成17年2月23日（水）
午後1時30分～午後4時30分
会場：国立国会図書館関西館大会議室

総合目録の現状と今後の方向性

北　克一
（大阪市立大学大学院創造都市研究科）

大阪市立大学の北と申します。どうぞよろしくお願いいたします。

国立国会図書館（NDL）の総合目録ネットワーク事業は，その開始から7年ほどが経過しました。総合目録の構築を巡って，地道な努力と話合いを重ねてこられ，2004年12月6日にインターネット上に一般公開されたことにつきまして，NDLの関係者の方々，また，参加図書館の皆様のご努力と鋭意に敬意を表したいと思います。

さて，本日は，最初は図書館界よりもう少し広いお話から始めて，徐々に範囲を絞って，後半はこの総合目録ネットワークを話題にしたいと思います。

はじめに

この5，6年ほどでインターネット情報基盤の整備が徐々に進んできました。50kbほどのスピードのモデムで繋がってとても早いと感動したのがほんの4，5年前だと思います。あっという間に携帯電話，もしくはPHSで500kbぐらいで繋がる技術が出てきました。また，無線LANを使えば，街中でもモバイルで繋がる環境が徐々にできています。

今日の主な話題ではありませんが，IPv6というインターネットの新しいプロトコルが，規格としては，概ね8割以上できあがっています。現在のプロトコルはIPv4ですが，IPv6に移行すれば，この世界のすべて，つまり今までつくってきたあらゆるものに，固有のID番号としてのIPアドレスを付与して，更に今から何千年かつくり続けるであろうすべてのものにIPアドレスを与えることができます。ネットワーク空間のすべてのものにIPアドレスを与えることができる技術空間です。

もうひとつは比較的図書館関係に近い話題で，ICタグとか，無線タグとかいう言葉が出てきています。これも物を識別するための仕掛けです。

簡単に言えば，IPv6はインターネットというネットワーク空間上のオープンな世界を対象としたものです。一方，ICタグは，それぞれのコミュニティ，例えば，出版流通といったコミュニティの中の閉じられた関係の世界を対象にしています。この間の繋ぎをどうするか，というのがユビキタス社会前夜の宿題です。ちなみに図書館関係について言えば，昨年度からICタグの実証実験の開始が報告されています。

一方，図書館界では，電子情報資源への対応と利用者志向の強まりが世界的に大きくなっています。

一つめは，「図書館ポータルの提供」と一般に言われるものです。ポータルを直訳すると，玄関とか入口とか言われます。要するに，ここへ来ていただいたら，そこから先のインターネット上やネットワーク上のすべての利用可能な情報資源への案内入口となるという程度の意味でご理解ください。

二つめが，OPACの相互運用性，分散環境下での統合検索です。日本の公共図書館の世界においては，NDLの総合目録ネットワークは唯一にして巨大なデータベース，図書館目録の世界です。また，大学図書館等においては，国立情報学研究所（NII）が運営しているNACSIS-CAT，インターネット上ではWebcatとWebcat Plusというデータベースで提供されている総合目録があります。しかし，もう少し広く世界を見回すと，そうしたデータベースは各国にあります。さらに，より広い地域的な広がりの中で様々な総合目録が存在しています。例えば，OCLCなど，地球上のネットワークの中でいくつかの大きなデータベースが並列して存在しています。そういった状況の中で，もう一歩先の世界というのは一体どうなっていくのでしょうか。また，現在そういう世界の人たちはどちらを向いて努力もしくはチャレンジしようとしているのでしょうか。これからこういったお話をさせていただきたいと思います。そのことがひいては，NDLの総合目録ネットワークの今後を考え，議論いただくための何らかのヒントになれば幸いだと考えています。

三つめのナビゲーション・システムというのは，例えば検索エンジンの検索結果や関心のある対象テーマのリンク集などから出発して，ホームページを構成しているHTML文書にあらかじめ埋め込んであるURL(Uniform Resource Locator)をクリックによりたどって，次々とホームページをナビゲーションしていくものです。インターネットの爆発的な普及の基礎となった技術です。

四つめの「リンキング・テクノロジーの活用」というのは，技術的には，OpenURLのような仕掛け，技術標準のことです。主に学術情報の世界で普及・定着しつつあります。この技術を活用することによって，例えば，二次情報データベースの書誌から電子ジャーナルの記事本体へ飛んだり，更にはその電子ジャーナル中の引用文献から，引用された文献本体へ飛んだりといったことが，ナビゲーションのクリックだけで可能になります。そういう仕掛けを後ろで支える仕組みを，ここではリンキング・テクノロジーの活用と呼んでいます。

1．いくつかの枠組み

1．1　いくつかの枠組み（1）

さて，図書館の世界に戻って来たらどうなのか，ということで，4つのトピックスを挙げました。

一つめは，FRBR（Functional Requirements for Bibliographic Records）と呼ばれるものです。これはネットワーク環境下の目録レコード，書誌レコードの機能要件といった，基本的かつ原理的枠組みを考察したものです。これについて細かく触れる時間がございませんが，2，3の紹介文がこの1年半ぐらいの間で出ています。

二つめが，2003年にフランクフルトで決議された国際目録原則覚書です。1961年に国際目録法の著者標目に関する国際会議で決議されたパリ原則と比較して，約 40 年ぶりの基本原則の改訂です。内容は，電子情報資源とネットワーク環境下における目録のあり方をどう考えたらいいのかということを扱ったもので，今後の世界を律していく基本的な仕組みになるだろうと思われます。

三つめは, JAPAN/MARC や MARC21 など MARC と呼ばれる機械可読目録をもう少し広いメタデータの世界へマッピングしようという試みです。図書館に閉じられていた MARC の世界とメタデータの世界との間を, もう少し相互にデータの行き来ができるようにしようというのが，基本的な考え方です。

MARC というのは，まずルールブックである MARC のハンドブックをしっかりと読んで理解し，それに対応したプログラムを書いて初めて使えるものです。一方，メタデータの世界は，そのメタデータを設計するのに準拠した標準規格の種別や入手先の URL などがメタデータそのものの中に実装されています。こうしたメタデータの定義要素をシステムが自動解釈して，処理ができる世界がメタデータの世界と考えていただければと思います。

四つめは他の情報資源とのリンクということで，ONIX とか，H-Net Review をあげました。これらは出版流通業界の図書の内容情報です。例えば，日本で言えば，『これから出る本』がありますが，それよりも詳しい内容情報を自動的にリンクする仕組みや，OPAC の書誌レコードといくつかの定評あるサイトの書評をリンクする仕組みなどが既に実用的に動いています。

１．２　いくつかの枠組み（２）

こういうものを動かす仕組みとして，コンテンツとのリンクの基盤，すなわちこの総合目録に関わってくることですが，ひとつの書誌レコードに対して一意の識別子，統一ナンバーをしっかり持てるのか，という問題があります。

また後で出てきますが，当該書誌レコードは一体どの単位の書誌レコードなのか，という課題もあります。仮に，ある著作，例えばシェイクスピアのハムレットを例にすれば，著作というのは抽象概念ですから，ハムレットを見せなさいと言っても見られません。重さも実体もありません。その下に具体的な表現形式を持っているわけです。例えば，英語版，日本語版，ドイツ語版，といったものです。それから，同じ日本語版でも翻訳者が違えば異なるものですし，同じ翻訳者であっても，文庫本もあれば単行書もあります。豪華な革装本もあるかもしれない。そういうものをどの段階でうまく捉えることができるかが議論されています。

その意味では現在，この総合目録でも，NACSIS-CAT の Web 版でも，書誌単位，物理単位のものの考え方には違いがありますが，提供されているデータは基本的にはその図書館で持っている所蔵単位等をベースに考えています。こういう階層構造を今後どこまで追求していけるのか，という課題があるかと思います。

１．３　いくつかの枠組み（３）

米国議会図書館（LC）では2001年6月からLCアクションプランというのを動かしています。平たく言いましたら，とても宣伝がうまいんですね。例えば冒頭に，21世紀に向けての我が館の国民への約束のようなものを提示して，そのための5つの基本戦略といったものが次にきます。そして，この公約を具体化するための年次計画がある。よって私たちに人とお金をください，と「バーン」とアピールしている。

１．４　いくつかの枠組み（４）

最近ではBates Reportと呼ばれる報告書が出ています。単純に言えば，LCの目録，特に社会に提供している検索システムの次世代の姿について，押さえた方がいいポイントをまとめた報告書です。Batesというのは，委員長さんの名前です。NDLの橋詰秋子さんが，『現代の図書館』にとてもわかりやすく，詳しく書いておられるので，興味のある方はご参照いただければと思います。

項目を簡単に見ていきますと，1番目は主題検索機能をもう少しうまくできないかという話です。これはLCSHと言われるLCの件名標目の世界ですが，日本ではNDLのNDLSHや民間MARCに付いているBSHに置き換えて読んでいただいたらいいです。例えば，BSHの件名標目の例ですが，「日本―歴史―江戸時代」や「大阪市―教育―統計書」などという件名標目は，この主題がこうした形で統制されているということは，一般の利用者の理解の外です。書誌レコードの件名標目としてこれが付与されていたり，件名典拠ファイルとして維持されていることはいいのですが，OPACにおけるユーザ・サポートシステムとしては，利用者が普通の常識を働かせたら，8，9割がた推測ができるような，わかりやすい主題検索の仕組みを提供する必要がある，というのが第一です。なお，念のためですが，この指摘は件名標目を個々の単語単位に分解して，フリーキーワード検索の対象索引にする，という意味ではありません。

二番目はログを解析して，エンドユーザが主題検索に用いる言葉を集めたら，主題検索のアクセスを補完するいい材料が手に入るのではないかということです。多くの収集した利用者の検索語をクラスター化して，主題検索の補助ツールを作成しようとしています。わかりやすい主題検索の仕掛けを考えるという点では同じことです。

三番目は，要約を含む内容情報が必要という話です。すでに例えば，オンライン書店の多くが実施を始めています。

四番目の階層，版次，書誌ファミリーというのは，先ほど申し上げたように，著作から始まって，そのレベルに応じたいろいろな階層構造をどこまで下りて来られるのかという話です。ただし，このことを十全に実現するためには，典拠コントロールが行われていないとだめです。幸いNDLは，長らく著者名の典拠コントロールを行っていて，内部データベースとして維持している。また，電子図書館の構築の中で，著者に電子化の許諾を得る作業の結果として作られた，著作権データベースとでもいうようなものもお持ちです。典拠が書誌ときちんとリンクされ，検索システムとしてもうまく使えるようになっていくといいですね。そうでなければ，17人のスティーブンスンという悲惨な問題がでてきます。

17人のスティーブンスンというのは，15,6年前だったと思うんですが，ある民間MARC会社のニュースレターに掲載された短い談話です。R.L.スティーブンスンという，『宝島』を書いたイギリスの作家のカタカナ形の著者表記が，ティーとかイーとかブとかを組み合わせると 17 通りあるという話です。著者標目形が典拠コントロールされていなければ，日本の図書館で所蔵されているこの人の著作物を全部見つけようとしたら，17回著者検索しなければ見つけられません，ということになります。総合目録は，原則は NDL の JAPAN/MARC 書誌を基本書誌として中心に統合されていますので，基本的には JAPAN/MARC の著者典拠コントロールがなされています。ただ，同定識別ができなかった参加館書誌が散見されますが，こうした書誌レコードの著者典拠はどのようになっているのでしょうか。

2．OPAC 相互運用性とそのモデル

2．1　検索エンジンと OPAC

検索エンジンが概ね第一世代から第二世代と来て，今第三世代が来ました。第三世代として挙げたいくつかの規格については，後で「次世代の検索プロトコル」で取り上げます。また，固有名詞については，NDL さんの事務局で作成いただいた用語解説にございますので見ていただければと思います。平たく言えば，今のキーワード検索だけではやはりだめです。何万何千件出てきたものを端から端まで見る人はいません。もうちょっといい工夫はないか，と，それぞれの検索エンジンを提供しているシステム側がいろいろ独自にやっているという話です。

2．1．1　メタデータ

この 4，5 年，メタデータという言葉が頻繁に出てきます。メタというのは，「超」とか「ウルトラ」というふうに考えてもいいです。構造化されたデータについてのデータです。目録もメタデータのひとつであり，基本的には目録と同じです。抄録もそのひとつです。ただ，従来のカード目録の場合は入力と出力が一緒ですね。書いた瞬間に物ができあがっている訳で，要するに入力と出力が一緒です。MARC やコンピュータ目録では入力と出力の間でシステムの違いができて，入力システムと検索システムとの間が切れているみたいですが，実際には入力と出力は繋がっています。表示されるデータというのは，結局は人間が解釈する，人間が意味的に読み取ることを，無意識のうちに前提として提供されているデータです。

一方，メタデータ自身は，それぞれのコミュニティによって設計が様々ですが，基本的には人間も読んでわかるけれども，機械が自動的にわかり，ネットワーク空間にあるお互

いの約束事を参照して，ある時にはデータのエントリーだったりロードだったり，またある時には検索の要求をしたりその結果を返したり，といったデータ交換ができるという世界です。例えば，図書館と美術館，文書館等々類縁機関との間で，情報の相互可搬性を高めて，お互いにほしい情報を相互交換をするという仕掛けですね。

繰り返しになりますが，図書館については，著者名，統一タイトル等の典拠コントロールと，統制された主題索引体系との整合性ということが，やはりメタデータとしての質を問われる話なのだろうと思います。

2．1．2　図書館目録とメタデータ

ちなみに先ほど著者名典拠だけを申し上げましたが，現在の日本目録規則では，音楽作品を除いては，無著者名古典と聖典以外はコントロールしていません。コントロール対象が任意になっています。例えば，『岩窟王』と『モンテ・クリスト伯』は 2 回引かなければなりませんし，『十五少年漂流記』，『二年間の休暇』，『二年間のバカンス』も 3 度引かなければ見つかりません。複数回，検索しなければいけないことを知っている人だけが，全体資料を見つけられるという仕掛けです。そういうことを知らなくても検索できる仕掛けを考えたいですね，というのがここまで述べてきたお話です。

2．2　目録の検索モデルと OPAC

ここで少し角度を変えて，現在ネットワーク上で提供されている，様々な目録の仕組み，目録検索の仕組み，というのを駆け足で見ておきたいと思います。

2．2．1　Web-OPAC 横断検索

俗に言う横断検索です。仕組みはとても単純です。横断検索の対象となる相手方の図書館システムの検索画面の作りを解析して，自分のところにテーブルを組んでいるわけです。相手はいくつでも構いません。A 図書館に行く時には No.1 のプロトコルで調べに行く，B 図書館は No.2，C は No.3，D はまた No.1…。日本のシステムはそう無限に多くあるわけではありません。概ねメーカとソフトウェアベンダーの数ぐらいですから，よほど特殊な改造をされていたら別ですが，たかだか数十の範囲です。通常，システムメーカが用意しているプロファイルを使って，とりあえずは検索できる仕掛けです。例えば，大阪府下の横断検索，東京都立図書館の横断検索等，実際にいくつかのものがネットワークに出てきています。

この場合とても悩ましいのは，A 館の答え，B 館の答え，C 館の答え，とそれぞれ別々に帰ってくる検索結果を，エンドユーザにどのように表示するかという点です。方法は，大きく 2 つあります。1 つは，来た順番に並べてしまう。そのかわり同じ物が何回も出てきます。A 館，B 館，C 館，同じものを持っていたら 3 回出てきます。100 館横断検索した場合は 100 回出てくるかもしれません。それではやはり見づらいということで，同定・

識別して表示するのがもう１つの方法です。同定・識別には，何をもって一緒というのかという仕掛けの問題があり，NDLの総合目録と同じ悩みを持ちます。

もう１つ悩ましいのは，この仕掛けは最後の人が答えをくれるまで答えが出せない点です。クイズ10人に聞きました，10人のうち一番遅くに答えてくれた人に合わせて答えが出てくる。その辺のことをどう考えるかという問題があります。

それから，この仕組みの小さな欠陥としては，一度作ったらそのまま使えるのではなく，相手のA館なりB館のOPACが更新されたら，自分のプロファイルも書き換えなければならない点があります。平均5年ぐらいでシステム更新をしていますから，仮に100館を対象とした横断検索システムを作ろうと思ったら，毎年平均20のプロファイルをそのまま使えるかチェックしなければなりません。良いようで結構手間のかかるものです。

２．２．２　Z39.50プロトコルによる基本的システム

日本の図書館ではあまり普及していませんが，Z39.50というアメリカの情報検索に関する標準規格があります。このプロトコルで検索しようというOPACがいくつか出ています。例えば，早稲田大学図書館などがそうです。

この仕掛けは，Z39.50のクライアント，つまり，このプロトコルが使えるブラウザがないと素直に動かないのですが，それでは普及しないということで，Webの通常のブラウザからZ39.50のプロトコルに自動変換，自動翻訳してくれる，ゲートウェイと呼ばれる繋ぎ目のシステムがネットワーク上で公開されています。例えば早稲田大学図書館のホームページにゲートウェイの紹介がありますから一度お試しください。

簡単に言えばとても強力な検索プロトコルです。検索キーは柔軟ですし，わかりにくい時には典拠や索引をブラウジングすることができます。オプション機能や拡張機能もあります。とても便利なのですが，機能があり過ぎるために具体的に実装するのが大変です。この機能を使うか使わないか，使うとしたらどこまでどう使うか，それぞれが取捨選択をしたら，結局はバベルの塔ができあがるんですね。このプロファイルで行く，参加する人はこれに合わせてくれ，といったかたちで，誰かが理解を得ながら強力なリーダシップを取れるようでないとなかなかうまくいかないという仕掛けです。

２．３　次世代の検索プロトコル

もう少し簡単な仕掛けとして，現在，ZING/SRW，ZING/SRUというプロトコルが後継候補として検討されていますが，どこまで普及するかは今のところ不明です。このプロトコル自身は，昨年頃から，画像データをどう扱うかといったOPACとは違う世界へ動き出しています。

２．４　分散データベースと統合索引モデル

NIIと千葉大学が，OAI-PMHプロトコルと呼ばれる仕掛けについて，昨年から実証実

験を始めています。OAI-PMH は，Open Archive Initiative のメタデータ・ハーベスティング・プロトコル（メタデータ収集のためのプロトコル）です。索引だけでなく，コンテンツごと収集することも可能です。電子図書館向きです。

ただ，このプロトコルには，クライアント側からデータ更新をする仕掛けがないという問題点があります。集めるだけの一方的な仕掛けです。逆に返すレスポンスの仕掛けはありません。

2．5　総合目録モデル

統合目録モデルと呼ばれるのは，皆さんおなじみの総合目録を作りましょうという仕掛けです。

総合目録を作るにあたって，書誌ユーティリティとして，主としてオンライン処理によってデータベースを維持・更新しているのは NII が運営する NACSIS-CAT です。これが Web 上に公開されているのが，Webcat と Webcat Plus という仕掛けです。

現在のところオンライン処理ではなくバッチ処理の仕掛けでやろうとされているのが，NDL の総合目録だと思います。この総合目録は NDL のデータベースとして維持されているという仕掛けです。

2．6　複数の総合目録とリンクした集中型索引モデル

複数の総合目録とリンクした集中型索引モデルというのは，2 年ほど前から複数のヨーロッパの書誌ユーティリティと OCLC が共同して追及している仕掛けです。

このモデルの基本的な考え方は，索引のみを集中して持とう，書誌の実体はそれぞれの総合目録にあるというものです。対象となる総合目録が，例えば OCLC のような巨大な総合目録であっても，もう少し小さな地域の総合目録であっても，ある単独の図書館の総合目録であっても構わない。また，総合目録のタイプにもいろいろありますが，Z39.50 タイプでもそうでなくても構わない。通信プロトコル上は別に問題ないという考え方です。

オランダの PICA が昨年ぐらいからお世話役で，現在は汎西ヨーロッパの「総合目録の総合目録」を作ろうという構想でプロジェクトが進んでいます。この次は太平洋をまたいで，OCLC とウルトラ総合目録を作ろう，という動きですね。

この辺りが，約半年ぐらい前までの状況で，様々な組織やグループ，団体が，様々なことを考えて，様々なことをやってます。

3．NDL 総合目録の現状と課題

3．1　書誌データベースの構築（1）

書誌データベースの構築はおおむね ftp，ファイル・トランスファーのプロトコルを用いてバッチ式で更新されています。フロッピーディスクや CD-R のような媒体で送っても，

基本的には同じことです。

NDL さんを始め，多くの参加館の方々が，ここ何年もの間の討議や実証実験とその評価を積み重ねてこられて，総合目録の書誌レコードの共通フォーマットを作成し，総合目録構築における一つの規範の基盤ができた，というのがまず第一歩になろうと思います。もう一つは，共通の書誌フォーマットを規範として現実の公共図書館界を中心とした総合目録が，希望の一歩を踏み出したということが重要であろうと思います。ともかくも，全国公共図書館界の相互協力推進の大きな情報基盤が形成されたという意味でしょう。

書誌レコードの同定処理は，MARC 番号，ISBN，タイトル等をキーに，プログラムで機械的に行っています。細かい点では，ISBN の 13 桁化にどう対応するか，対応するといっても参加図書館のシステム更新は 4，5 年サイクルですので，タイムラグの問題が細かい点で出てくるかもしれない，という課題があります。

初期の困難をクリアされたようですが，各データ提供館で遡及入力された，もしくは自館の独自資料や市販資料でないものを入力されたデータの番号と，MARC 番号が重なったために，違う資料に関するデータが同定されるトラブルも結構あったようです。これはほぼ落ち着いたのでしょうか。

3．2　書誌データベースの構築（2）

次に，今後総合目録をどうするのかという話です。横へ繋がっていくのか？という話がまずあります。

仮に公共図書館等，都道府県域の単位で今後の発展性の単位を考えていくとしたら，もう少しデータ提供館が増えて行くでしょう。市区町村立のデータについては，増えることはうれしいことですが，増えてくればだんだんと同定・識別が困難になってくる。重複書誌がどうしても増えてしまったり，逆に誤同定で違うものを一緒にくっつけてしまったりすることが考えられます。データエントリーという仕掛けを考えていない現在の仕組みの中でどこまでシステムで補うことが可能なのか，もしくは運営上ここは皆さんが現実的に妥協されるか，という話なのだろうと思います。

もう一つは，日本には NDL の総合目録の他に NII の書誌データベースがあります。2 つ大きいものがあるというのは，やはり不自然です。強引に一つにする必要はありませんが，先ほどより駆け足で見てきたいくつかの総合目録のモデルの技術を何らかの形で導入して，少なくともアクセスしてくるエンドユーザにできるだけスルーに，その間の垣根が見えない形でうまく提供できないかというのが，もう 1 つの課題です。

また，海外の総合目録との連携の課題もあります。日本の公共図書館界の総合目録の範囲のみを維持していけばよいのかどうか，という設問です。CJK 言語資料を始め，利用者の要求は多様化しているのではないでしょうか。

それから，今のところ図書館の図書を対象にされていますが，本体が電子化されていた場合は，対象として扱われるのかどうか。

現在，日本中に電子図書館が乱立している状態になってきました。これはこのままでいい，という割り切りなのか，これをポータルにしてアクセスできるような仕掛けを設けるのか。このあたりではOAI-PMHプロトコル採用の是非の問題が出てきます。

ただし何度も繰り返しますが，参加図書館のシステム更新は平均5年に1回ぐらいですから，仮に，行政的に合意が得られても実際の切替えにはそこから最低5年はかかる，その過渡期をどう運営していくのか，という問題が想定されます。

NIIの場合は，古いプロトコルと新しいプロトコルとの併存が確か4，5年ぐらいありました。現実的な問題としては，参加館のシステム更新のサイクルが最近では，5，6年ではないでしょうか。最も最後の更新グループが，新しいプロトコルに対応するのにこの時間がかかります。一方では，新しいプロトコルの方が，早くて機能も大きいから，可能な範囲で新しいプロトコルに移行するほうが，個別の参加館にとってもメリットがある，という誘引も必要です。

この総合目録ではどういう仕掛けを作ったら参加図書館の皆さんに喜んでいただけ，かつ大きな負荷がかからず，比較的簡単にできるか。ユーザインタフェース・プログラムを作って，それをフリーソフトとしてコミュニティに出さなければ，無理かもしれません。それほど高いものではありません。欧米では大規模図書館を動かせるオープンソフトのパッケージシステムが昨年ぐらいから出てきています。まだ欠けているところはたくさんありますが，その意味ではあと 5 年か 6 年したらひょっとしたらメーカーの値段のついたOPACや図書館システムが世の中から消え失せているという可能性もなきにしもあらずです。

３．３　書誌データエントリー

書誌データのエントリーはここ（パワーポイント「３．３」）に書いてあるかたちで，現在動いている訳であります。

３．４　総合目録の機能

皆さんの方が日々お使いになっていて詳しいと思いますが，私が拝見した範囲でいくつかのコメントをしておきたいと思います。

主題検索機能として，ここでは件名標目と分類を挙げました。

件名標目については，NDLSH，BSH，全国学校図書館協議会（全国SLA）の小学校件名標目表，中学校・高校の件名標目表と数多く存在します。そろそろ NDL に NSH(日本件名標目表)とでもいうべきものを構築していただけたらいいなあ，と個人的には思います。

分類記号については，総合目録データベースを見た範囲では，書誌分類記号がついているのか書架分類記号(排架記号)がついているのかよく分かりませんでした。主題検索のNDC がついているのか，そうではなく単に書架分類が 1 個だけ付いているのか，統合されてしまっているのでよくわかりません。しかし，どうも主題検索の機能を提供する書誌分類検索の機能という面では，分類重出付与や，複数の書誌レベルに対応した分類付与はされているようにはみえませんでした。NDL の単独 OPAC と比べて，元々のデータの問題もありますし，システムだけの責任ではないと思います。

典拠コントロールについては，先ほど申し上げたところであります。

３．５　ILL システム

第一に，ILL システムというのはメッセージ交換機能の範囲ではないかと思います。依頼のメッセージを交換していますが，ステータスの管理は多分されていないだろうと思います。ステータスの管理というのは，例えば，A 館が X 館に頼んだ，X が断ったら自動転送で Y へ回してくれる，Y も断ったら Z へ回してくれる。もう 1 つは，受け付けました，今資料探してます，発送しました，ありがとう届きました，返却しました，確かに返却受け付けました，こういう依頼処理のステータスの管理です。こういう機能をどうしていくのかという課題があります。

ILL の今後ですが，参加図書館の更新タイミングがあるので，NDL だけで単独に進められる話ではありません。過渡期，移行期の問題があります。

３．６　運営方針：全体と個別図書館（群）

運営方針は各図書館で異なってもよいのですが，参加館の数が多くなると，参加図書館と個別の図書館，もしくは個別図書館の中の分館も入れた図書館群との間と，全体の擦り合わせがだんだんと難しくなってきます。とても悩ましい話です。

それから，収録対象範囲が現在は図書の範囲，となっておりますが，これを他のものにどこまで広げていくのか，広げていかないのか。

データベースが充実し，対象範囲が増えれば増えるほど利用者は増えます。事業拡大という意味では万歳ですが，昨今の財政事情，行政改革等を見ると，増えましたと言っても即，人や金にはつながらない。その辺りのところをどう考えるのか。

同じ事ですが，ネットワークで公開するということは，従来，公共図書館が想定していた職・住・学といった利用者の範囲をあっという間に越えていきます。

既にご承知の方もあると思いますが，確か昨年には，OCLC が「OCLC WorldCat Pilot」として，書誌レコード 200 万件，所蔵レコード約 5,300 万件，という OCLC 参加図書館の 100 以上に所蔵されているポピュラーなタイトルの資料を検索エンジンに提供しました(http://www.oclc.org/worldcat/pilot/default.htm)。日本でも，とある書誌ユーティリティに引き合いが来ているやに聞いています。出すという答えはまだ公表されていませんし，すぐに出せるかもまったくわかりません。

米国の例を見ると，Google に載せると，アクセス数はあっという間に跳ね上がります。1 日のアクセスが数十万件の世界です。その中の千人に 1 人がリクエストしてきたらどうするの？という話です。一般公開向けの総合目録の 1 日のアクセス数が千回という数値でしたから，全アクセス数よりも多いリクエストがくることになります。

最後はレンディング方針についてのお願いです。現在の総合目録では書誌と所蔵は見られますが，その図書館の基本運営方針，つまり，図書館に行って入れてくれるのか，貸してくれるのか，地元の図書館から頼まなければいけないのか，その時に制約はあるのかないのかなどは，もう一つブラウザを立ち上げて，皆さんの個々の図書館のホームページを見て，あちこち探さないと見られないですね。開館日時とか，運営方針とか，資料にアクセスするにはこの範囲の人はどうしたらいい，この範囲外の人はこうしてください，といったいろいろな方針があると思います。技術的にそう難しくありませんので，是非，総合目録ネットワーク参加図書館，少なくともデータ提供館のディレクトリをできるだけ早急に立ち上げて公開していただけたら，エンドユーザから見たら大変ありがたいと思います。

どのようにアクセスしてよいかわからなければ，総合目録ネットワークに参加されている図書館が近くにない地域の人にとっては，単に飴がぶら下がっているだけのようなものです。システムとしてはおもしろいのですが，メリットがありません。総合目録ネットワーク参加館全体としてもお考えいただけたらありがたいと思いますし，せめてディレクトリを作ってほしい，とお願いしておきたいと思います。

また，図書館間で依頼される場合には，できれば3階層ぐらいで，同一地域に同じ書誌があれば，自動的にシステム転送するような仕掛けも，市町村コードIDを使えば立地や距離を計算できますし，そんなに難しくないので，工夫していただければすぐできるかなと思います。

3．7　ユニバーサル・デザイン

今後は，アクセシビリティの保障に敏感であるべきだろうと思います。それは個々の図書館のOPACについてもそうですし，NDLの総合目録，NDLのホームページそのものもそうです。W3C（World Wide Web Consortium）のアクセシビリティガイドラインなり，米国のリハビリテーション法508条修正等からざっと拝見すると，逸脱がたくさんあるのではないか。Javaがあちこちにありますが，例えば視覚障害の方の読み上げソフトにとってはさまたげになります。画像があったりボタンで次に進むようになっているところで，ボタンや画像に関して説明がありません。画像が認識・識別できない人が，代替でその説明文をクリックしたら同じ所に飛んで行ける仕掛けがない部分が相当多いのではないでしょうか。

例えば，大阪府の図書館の方が，ユニバーサルデザインの考え方等を個人としてネットワークに公開されています。また，いくつかの項目で評価し，相当辛らつな点数表を配分されています。一度お時間がある時に自館の評価がどの程度か見ておくことも必要ではないかと思います。

最後に

これから先は，200 年の経験を蓄積した近代図書館とは違う環境下，違う世界の中でどちらに行くかを考えなければいけません。NDL から見れば，施策の重点的課題をウェート付けして，実現に向けた 3 年から 5 年の工程表を作成し，それに従って順次施策を動かしていくということになるのでしょう。マニュアル等が作成されているようですので，後は誘引手法ですね。それは NDL だけで考えるのではなく，むしろフォーラムや研修の時に，こうしてくれたらもっと私たちはコミットできる，というようなところの話合いもされればよいのではないかと思います。

後は，コミュニティーの範囲をどのようにするのか。現在の公共図書館の参加図書館，つまり，データ提供館と参加図書館という範囲で当面維持するのか，県単位でもう少し館種を広げている総合目録と繋ぐのか。都道府県でおやりになるのか，総合目録自身が何かもう一歩踏み出されるのか。この辺りは参加図書館の合意も必要になりますので，どちらに向いて行くのか。

いずれにしても，現在，ようやく海図のない旅に入ってきたのかなと思います。インターネット上の，もしくはデータベース上の道具はほとんど揃っています。相当多くの道具が無料で提供されています。後はそれをどう組み合わせて何をするのかというビジョンと技術がしっかりあるかどうかです。技術はお金で買えますが，ビジョンは自分たちでつくるものです。代わりに作ってはくれません。とても大変な世界だと思うか，何百年に 1 回のとても面白い時代だと考えるか，どちらでも現実は変わりませんから，それならばせめて気持ちだけでも気を楽に，面白い時代だと思ったほうがいいのではないでしょうか。

時間となりましたので，このあたりで終わりたいと思います。ご静聴ありがとうございました。

総合目録の現状と今後の方向性

-総合目録参加館フォーラム:2005.2.23-

大阪市立大学大学院創造都市研究科
情報メディア研究分野
北　克一
kita@media.osaka-cu.ac.jp

1

はじめに

- インターネット情報基盤の整備、
ブロードバンド化、モバイル化、IPv6、ICタグ等
　→　ユビキタス社会前夜
- 電子情報資源への対応と利用者志向*
　*図書館ポータルの提供
　OPAC相互運用性、分散環境下での統合検索
　ナビゲーション・システムの整備
　リンキング・テクノロジーの活用

2

1. 幾つかの枠組み (1)

- FRBR(Functional Requirement for Bibliographic Description)
  国際目録原則覚書(2003年フランクフルト)
- MARCのマッピング
  MODS(Metadata Object Description Schema)
- 他の情報資源とのリンク
  ONIX形式内容情報、H-Net Review書評とのリンクなど

3

1. 幾つかの枠組み (2)

- コンテンツとのリンクの基盤
  一意の識別子とリンクサーバ、OpenURL など
- 検索エンジン等との親和性向上
  RLG: RedLightGreenシステム

4

1. 幾つかの枠組み (3)

- 2001.6 LCアクションプラン
  Bibliographic Control of Web Resources
  書誌コントロール成果とレコードの利用

5

1. 幾つかの枠組み (4)

- Bates Report: Improving User Access to
  Library Catalog and Portal Information
  ・主題検索機能の向上: フロントエンド・ユーザシソーラス
  ・利用者アクセス語彙のクラスター化構築
  ・要約を含む内容情報表示
  ・階層や版次情報による段階的な画面展開と書誌ファミリーの導入
  ・主題検索、キーワード検索、ブラウジング手法

6

2. OPAC相互運用性とそのモデル

2.1　検索エンジンとOPAC

- 第一世代: 人手による対象ページの選別、カテゴリ分類、ディレクトリ登録と提供
- 第二世代: ロボット(スパイダー)と呼ばれるソフトウェアによるインターネット自動巡回と並列全文検索技術の導入による検索エンジンの大規模化
- 第三世代: ページのリンク解析によるスコア計算の結果を検索結果集合の表示に反映させる手法
  *GoogleのPageRank、WiseNutの文脈依存型リンク解析、
  Teomaのトピックス限定式人気度　etc.

7

2. OPAC相互運用性とそのモデル

2.1.1　メタデータ

- メタデータ: 対象コンテンツの内容を表す付加的な属性情報
  構造化されたデータについてのデータ
- メタデータ: 著者、統一タイトル等の典拠コントロールと統制された主題索引体系との整合性

8

2. OPAC相互運用性とそのモデル

2.1.2 図書館目録とメタデータ

目録: 記述目録と主題目録の品質管理の基礎に築かれてきた。

典拠コントロール:著者、統一タイトル、主題索引に対して行われてきた。

メタデータとしての目録の機能:構造化された検索対象となると共に識別同定性の保証にある。パラダイムの変化。

9

2. OPAC相互運用性とそのモデル

2.2 目録の検索モデルとOPAC

2.2.1 Web-OPAC横断検索

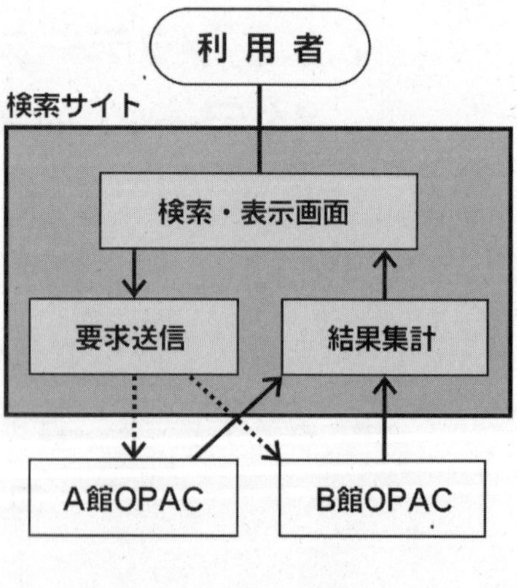

図1　Web－OPACの横断検索

10

2. OPAC相互運用性とそのモデル

2.2 目録の検索モデルとOPAC

2.2.2 Z39.50プロトコルによる基本的システム

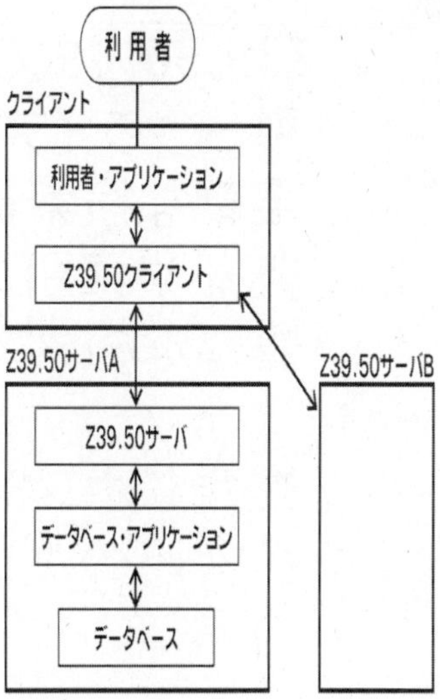

図2 Z39.50によるOPACの基本的な仕組み

11

2. OPAC相互運用性とそのモデル

2.2 目録の検索モデルとOPAC

2.2.3 Web-Z39.50ゲートウェイシステム

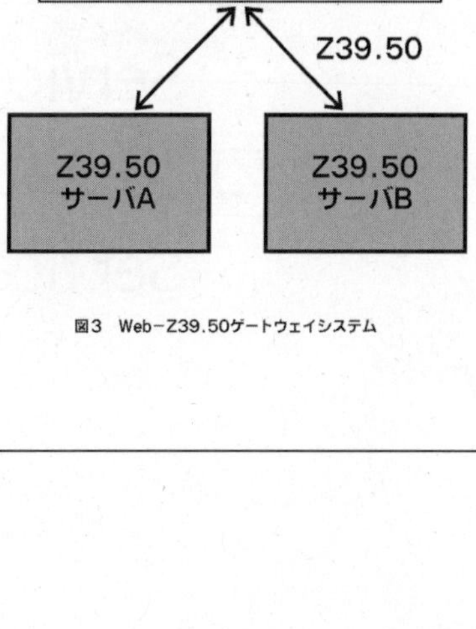

図3 Web−Z39.50ゲートウェイシステム

12

2. OPAC相互運用性と そのモデル

- Z39.50方式OPACの利点と問題点:
 ・単一クライアントから複数サーバ検索
 ・柔軟な検索機能の実装
 ・典拠や索引のブラウジング機能
 ・豊富な検索オプションと拡張機能　など

 ・複雑なオプション実装の課題、相互運用性保障
 ・検索時のボトムネック問題
 ・通信プロトコルとセキュリティ　など

13

2. OPAC相互運用性と そのモデル

2.3　次世代の検索プロトコル

ZING SRW/SRU : Z39.50とBath profileの組み合せの後継候補

ZING SRW(Search/Retrieve Web Service)

ZING SRU(Search/Retrieve URL Service)の組み合せ

14

2. OPAC相互運用性とそのモデル

2.4 分散データベースと統合索引モデル

OAI-PMHプロトコルによる統合索引モデル

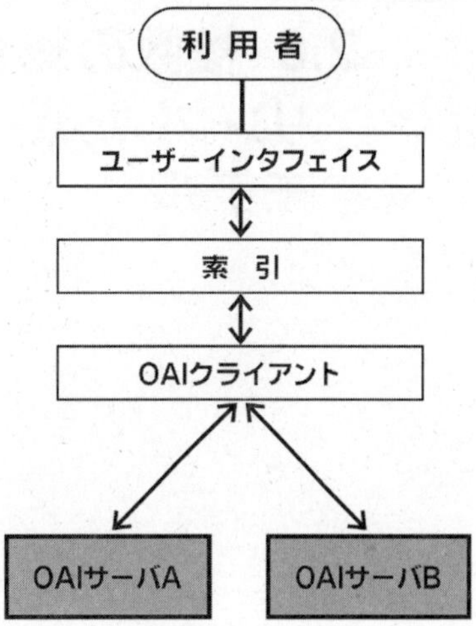

図4 OAIによる総合索引モデル

15

2. OPAC相互運用性とそのモデル

2.5 総合目録モデル

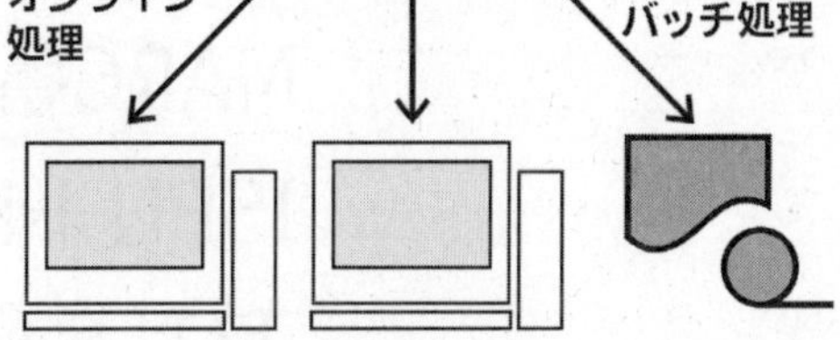

図5 総合目録モデル

16

2. OPAC相互運用性とそのモデル

2.6 複数の総合目録とリンクした集中型索引モデル

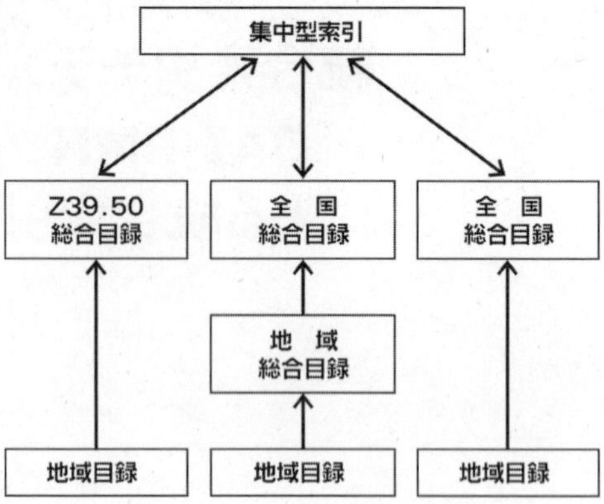

図6 複数の総合目録とリンクした集中型検索モデル

17

3. 総合目録の現状と今後

- 3.1 書誌データベースの構築
  - ・FTPプロトコルによるバッチ式更新
  - ・総合目録共通フォーマットでの転送
  - ・書誌レコードの同定処理
    - MARC番号
    - ISBN＋PUB, YEAR (13桁化対応)
    - TITLE+PUB1, VOL, PUB2

18

3. 総合目録の現状と今後

- 3.2 書誌データベースの構築
  - ・地域総合目録との連携
  - ・NII書誌データベースとの連携
  - ・国を超えた「総合目録」との連携
    特にCJK諸国+英語圏
  - ・OAI-PMHプロトコルの採用の是非
  - ←→ 参加館システムの制約

19

3. 総合目録の現状と今後

- 3.3 書誌データエントリー
  - ・更新頻度は参加館側に依存
    ←→ 参加館システム変更の制約
  - ・書誌同定は国会図書館側
  - ・修正、削除等も差分更新方式
  - ・データ受渡し単位は、参加館単位

20

3. 総合目録の現状と今後

- 3.4 総合目録の機能

・特定資料の検索

→ 地域限定機能(ILLとの連動)

・主題検索機能

組織化ツール：件名標目表 NSH?

検索機能：分類記号(配架記号?)の精粗対応

分かりやすいナビゲーション・システム

・典拠コントロール：特に著者(&著作…)

21

3. 総合目録の現状と今後

- 3.5 ILLシステム

・ 貸出依頼のメール送信機能

現状ステータス管理機能等なし

・ 参加館ILLシステムとの連携

→ 現実には困難あり

・ 標準化システムへの順次移行

← 参加館の更新とのタイミング

22

3. 総合目録の現状と今後

- 3.6 運営方針:全体と個別図書館(群)
  - ・収録対象資料の範囲
    図書
    AV資料、逐次刊行物 ...
    → 複写依頼の受付業務等の発生
  - ・利用者の範囲:職・住・学の範囲?
  - ・各館レンディング方針の明示

23

3. 総合目録の現状と今後

- 3.7 ユニバーサル・デザイン
  - ・W3C/WAIウェブ・コンテンツ・アクセスビリティ・ガイドライン10
  - ・米国:リハビリテーション法508条修正
    電子情報技術アクセシビリティ基準
  - ・大阪府ユニバーサルデザインの考え方
    など

24

さいごに

- どこに向かって歩んでいくのか?
- 施策の重点的課題のロードマップ
- 実施へのガイドライン、誘引手法
- 図書館員と「標準化」:小異大同の精神
- コミュニティの範囲:協同と連携
- 海図のない旅へ

ご清聴ありがとうございました

25

（付属）

「総合目録の現状と今後の方向性」用語解説

用語	解説
Bates Report	タイトルの和訳は『図書館目録とポータル情報に対するユーザーアクセスの向上』。図書館目録等のメタデータレコードを強化することを目的としてまとめられたもの。 《参考》図書館目録へのアクセスの改善に向けた提言（米国）. カレントアウェアネス-E. No.21, 2003. http://www.ndl.go.jp/jp/library/cae/2003/E-21.html 橋詰秋子. 米国にみる「新しい図書館目録」とその可能性 - ベイツレポートを中心に. 現代の図書館. 41(4), 2003, p222-230.
Bath profile	ISO による Z39.50 プロトコル用の IRP（Internationally Registered Profile：国際的に登録されたプロファイル）。 《参考》The Bath Profile http://www.collectionscanada.ca/bath/ap-bath-e.htm
CJK	中国語（Chinese）、日本語（Japanese）、朝鮮語（Korea）の頭文字。
FRBR	Functional Requirement for Bibliographic Description の略。和訳は「書誌的記録の機能要件」。「実体関連分析（Entity-Relationship Analysis）」の手法を用い、利用者の観点から、「書誌的記録が果たす諸機能を、明確に定義された用語によって記述」し、目録の機能要件のモデル化を図ったもの。 《参考》和中幹雄. AACR2 改訂と FRBR をめぐって－目録法の最新動向－. カレントアウェアネス. No.274, 2002. http://www.ndl.go.jp/jp/library/current/no274/doc0006.htm 和中幹雄. FRBR とはなにか－その意義と課題. 現代の図書館. 42(2), 2004, p115-123.
Google の PageRank	ページＡからページＢへのリンクをページＡによるページＢへの支持投票とみなし、この投票数によりそのページの重要性を判断する。ただし単に票数、つまりリンク数を見るだけではなく、票を投じたページについても分析する。「重要度」の高いページによって投じられた票はより高く評価され、それを受け取ったページを「重要なもの」にする。 《参考》Google の人気の秘密 http://www.google.co.jp/why_use.html
H-Net Review	人文社会科学分野のオンライン学術書評システム。 《参考》目録レコードに書評へのリンクを付与, LC/BEAT の試み. カレントアウェアネス-E. No.23, 2003. http://www.ndl.go.jp/jp/library/cae/2003/E-23.html
IPv 6	Internet Protocol version 6 の略。現在広く使用されているインターネットプロトコル（IPv4）の次期規格であり、IPv4 に比べて、アドレス数の大幅な増加、セキュリティの強化及び各種設定の簡素化等が実現できる。 （情報通信白書　平成 16 年版　用語解説 http://www.johotsusintokei.soumu.go.jp/whitepaper/ja/h16/data/datindex.html）
MODS	Metadata Object Description Schema の略。MARC21 を XML で展開したもの。 《参考》北克一. 電子資料と目録規則, メタデータ, リンキング・テクノロジー. カレントアウェアネス. No.277, 2003. http://www.ndl.go.jp/jp/library/current/no277/doc0007.htm

用語	解説
ONIX	ONline Information eXchange の略。書籍用メタデータ形式の国際規格。 《参考》ONIX FAQs http://www.editeur.org/ONIX%20International%20FAQ.html
OAI-PMH プロトコル	OAI-PMH は「Open Archives Initiative Protocol for Metadata Harvesting」の略。OAI（Open Archives Initiative）が策定したメタデータ収集（メタデータ・ハーベスティング）のための規約。 《参考》尾城孝一. OAI-PMH をめぐる動向. カレントアウェアネス. No.278, 2003. http://www.ndl.go.jp/jp/library/current/no278/doc0007.htm
OpenURL	メタデータを送信／伝送する標準形式。 《参考》増田豊. OpenURL と S･F･X. カレントアウェアネス. No.274, 2002. http://www.ndl.go.jp/jp/library/current/no274/doc0008.htm
Red Light Green	米国の研究図書館グループ（Research Libraries Group：RLG）のプロジェクト。RLG 参加館の総合目録をウェブ上で提供する方法を再検討し、図書館目録に新たな価値を生み出そうとする試み。 《参考》松井一子．RLG の新総合目録 RedLightGreen にみる図書館目録の可能性．カレントアウェアネス．No.277，2003. http://www.ndl.go.jp/jp/library/current/no277/doc0004.htm
Teoma のトピックス限定式人気度	リンク解析の際に同じトピックのウェブページ集合を対象とし、そのなかでスコア計算対象ページが多数のリンクを受けているとスコアを高くする。 《参考》福島俊一．検索エンジンの仕組みと技術の発展．情報の科学と技術．54(2)，2004，p.66-71.
WiseNut の文脈依存型リンク解析	WiseRank と名付けられたリンク解析ベースのスコア計算方法を用いている。リンク元ページが検索キーワードと関連が深い場合、そのリンクの重みを大きくしてスコア計算をおこなう。 《参考》福島俊一．検索エンジンの仕組みと技術の発展．情報の科学と技術．54(2)，2004，p.66-71.
Z39.50	情報検索の際、探索要求の発信元（クライアント）と受信側（サーバ）とのやり取りを定めた規格。情報検索（Z39.50）応用サービス定義及びプロトコル仕様 JIS X 0806：1999 がある。 《参考》高品盛也．Z39.50 の JIS 化．カレントアウェアネス．No.239，1999. http://www.ndl.go.jp/jp/library/current/no239/doc0006.htm
ZING SRW/SRU	ZING は「Z39.50 International Next Generation」の略。ZIG（Z39.50 Implementers Group)から提案された ZNG (Z39.50 Next Generation)にヨーロッパ圏の複数のプロジェクトを加え、2001 年から Z39.50 の MA（Maintenance Agency）のプログラムとして活動している。 SRW は「Search/Retrieve Web Service」の略。SRU は「Search/Retrieve URL Service」の略。ZING SRW/SRU は、Z39.50 プロトコルの利点を残し問題点を押えながら、Web との親和性を向上させている。検索対象は text 形式の XML レコードのみに限定している。 《参考》北克一．OPAC の相互運用性とその機能モデル．図書館目録とメタデータ：情報の組織化における新たな可能性．勉誠出版，2004，p.46.
クラスター	cluster：（同種類の物・人々の密集している）群れ、集団。（ブドウなど密集している）房。 （新英和大辞典　第 6 版．研究社，2002.）

用語	解説
ゲートウェイ	ネットワーク間を接続する装置、またはその機能のこと。例えば一つのLANで構成された図書館システムと他の LAN で構成された図書館システムをゲートウェイで接続することにより、より大きなネットワーク（WAN）を構成することができる。装置そのものは、ネットワーク間のデータ翻訳を行う一種のコンピュータである。(図書館用語辞典編集委員会. 最新図書館用語大辞典. 柏書房, 2004.)
書誌ファミリー	ある一つの共通の祖から派生した著作（例えば「源氏物語」に対して原書と注釈書・翻案書など）や当該著作を具体化させた表現形（Expression）・実現形（Manifestation）を包含したもの。 《参考》日本図書館研究会 整理技術研究グループ. ２００４年の研究活動記録. http://www.tezuka-gu.ac.jp/public/seiken/sub4/seiken04.html#2004
相互運用性	異なるシステム間の相互運用可能性のこと。仕様の異なるコンピュータ間でネットワークなどを通じて、ほかが管理するデータベースに相互にアクセスしたり、プログラムを起動してサービスを受けたり、相互の通信によりシステム・リソースをユーザーが使用可能であったりする機能をいう。(日経 BP 社出版局編. 日経 BP デジタル大事典. 2001-2002 年版, 2001.)
統合索引モデル	データベースは分散した状態で、索引を統合して保持しているモデル。 《参考》北克一. OPAC の相互運用性とその機能モデル. 図書館目録とメタデータ：情報の組織化における新たな可能性. 勉誠出版, 2004, p.47.
フロントエンド	プログラムにデータを渡すための入り口になるプログラムのこと。(ユーザが利用する Web ブラウザなど) 《参考》アスキーデジタル用語辞典 http://yougo.ascii24.com/
ポータル	「入り口」の意。 ポータルサイト：サーチエンジン、ニュース速報、オンラインショッピング、掲示板等インターネット上の様々な情報が集約されたサイトのこと。インターネット利用者がウェブに接続した際に訪れる「入口（ポータル）」となるためにこう呼ばれる。(情報通信白書　平成 16 年版　用語解説 http://www.johotsusintokei.soumu.go.jp/whitepaper/ja/h16/data/datindex.html)
ボトルネック	瓶の首の部分のこと。コンピュータシステムでは一般的にシステム全体の中でもっとも遅い部分のことをいう。 《参考》アスキーデジタル用語辞典 http://yougo.ascii24.com/
ユニバーサル・デザイン	すべての人にとって使いやすいように意図して作られた製品や情報、環境のデザインのこと。ロン・メイス氏によって 7 つの原則が提唱された。 《参考》知恵蔵：朝日現代用語２００５
ユビキタス	ユビキタス：「いたるところに偏在する」という意味のラテン語。 ユビキタス・ネットワーク社会：あらゆるものがネットワークに結ばれる状態。(現代用語の基礎知識２００５)
リンキング･テクノロジー	Web コンテンツのハイパーリンクに関する技術。 《参考》北克一. 電子資料と目録規則, メタデータ, リンキング・テクノロジー. カレントアウェアネス. No.277, 2003. http://www.ndl.go.jp/jp/library/current/no277/doc0007.htm
レンディング方針	（資料の）貸出方針。

（関西館 事業部 図書館協力課作成）

デジタル時代のドキュメント・デリバリー・サービス：ビジョンと戦略

——平成 16 年度国立国会図書館国際セミナー記録集——

目次

平成 16 年度国立国会図書館国際セミナー プログラム 119

ドキュメント・デリバリー・サービスの将来
メアリー E. ジャクソン（米国研究図書館協会 蔵書・利用プログラム部長） 121

デジタル時代における英国図書館の文献提供：ビジョンと戦略
マット・フレガー（英国図書館セールス・マーケティング部長） 147

ドイツの図書館サービスの最新動向－subito（スビト）と vascoda（ヴァスコーダ）－
ウーヴェ・ローゼマン（ハノーバー大学図書館 / 情報技術図書館長） 169

質疑応答 201

（翻訳：国立国会図書館関西館事業部図書館協力課調査情報係）

国際セミナー

デジタル時代のドキュメント・デリバリー・サービス：ビジョンと戦略

日時　平成１６年１２月１５日（水）
会場　国立国会図書館関西館　大会議室

プログラム

13:00	開　会
13:02	開会の辞 生原　至剛（国立国会図書館関西館長）
13:15	基調講演「ドキュメント・デリバリー・サービスの将来」 **“Future of document delivery services ”** メアリー E. ジャクソン（米国研究図書館協会 蔵書・利用プログラム部長）
14:15	休　憩
14:25	講演「デジタル時代のドキュメント・サプライ：ビジョンと戦略」 **“Vision and strategy: Document supply in the digital age”** マット フレガー（英国図書館セールス・マーケティング部長）
15:15	講演「ドイツの図書館サービスの最新動向：subito と vascoda」 **“Current trends in German library services: subito and vascoda”** ウーヴェ　ローゼマン（ハノーバー大学図書館 / 情報技術図書館長）
16:05	休　憩
16:20	質疑応答
17:00	閉　会

司会：逸村　裕（名古屋大学大学院情報科学研究科助教授）

講師紹介

Mary E. Jackson（米国研究図書館協会 蔵書・利用プログラム部長）

ドレクセル大学図書館学修士。ペンシルヴァニア大学図書館相互貸借部門の責任者等を経て，現在，米国研究図書館協会 蔵書・利用プログラム部長。学術ポータルプロジェクト等を担当。2001年から2003年までIFLA運営理事会専門委員会委員，またIFLAドキュメント・デリバリー・相互貸借分科会委員を歴任。現在は"*Interlending and Document Supply*"誌の編集委員。

Mat Pfleger（英国図書館セールス・マーケティング部長）

2003年，英国図書館に製品マーケティング部長として着任。2004年5月から現職。文献提供，データベース・ライセンス供与，調査サービス等の情報サービスのセールス及びマーケティングを担当。英国図書館着任前には，Leatherhead Food International社で電子情報ビジネスマネージャーとして，オンライン出版のマーケティング及びセールスを担当。

Uwe Rosemann（ハノーバー大学図書館 / 技術情報図書館長）

ヴィールフェルド大学で数学を専攻。1980年，ヴィールフェルド大学図書館の数学部門を担当。1990年，同大学図書館 図書館利用・図書館技術部長。1993年，ハノーバー大学図書館 / 技術情報図書館館長代理を経て，1998年から同館館長。

ドイツ，オーストリアの主要図書館が協同して運用しているドキュメント・デリバリー・サービス subito（スビト）の理事長のほか，IFLAドキュメント・デリバリー・相互貸借分科会委員を務めている。

司会者

逸村 裕（名古屋大学大学院情報科学研究科助教授）

上智大学図書館員，愛知淑徳大学助教授，同大学図書館副館長を歴任し，2002年から現職。専門は図書館情報学。情報サービス，学術情報の流通，組織化，情報専門職のあり方と知識技能を中心に研究を行う。

国立国会図書館関西館

京都府相楽郡精華町精華台 8-1-3

TEL 0774-98-1224　　FAX 0774-94-9114

ホームページ　http://www.ndl.go.jp

ドキュメント・デリバリー・サービスの将来

The Future of Document Delivery Services

メアリー E. ジャクソン
（米国研究図書館協会 蔵書・利用プログラム部長）

Mary E. Jackson

Director of Collections and Access Programs
Association of Research Libraries
Washington, DC USA

デジタル時代のドキュメント・デリバリー・サービスに関するセミナーにお招きいただき大変光栄です。本日は他の講師の方々，そして会場の皆さんに私の考えをお話し，意見を交換することを楽しみにしております。

まず，私の経歴を簡単に紹介させてください。私は，相互貸借（ILL）とドキュメント・デリバリー分野において専門的なキャリアを積んでまいりました。フィラデルフィアのペンシルヴァニア大学図書館に20年間勤務し，現在は研究図書館協会（ARL）で10年ほど勤めております。ARLは非営利法人で，北米の123の研究図書館から構成されています。私はARLでILL/DD事業のパフォーマンスに関する2つの調査研究を実施しました。また，学術ポータルプロジェクトや特別コレクション作業部会など，利用者サービスに関する新規構想にも関わってきました1)。このように，私は大規模なILL/DD部門の管理や国・国際レベルの戦略的・政策的な諸活動に携わってきた経験があります。

私は「相互貸借」「ドキュメント・デリバリー」「ILL/DD」という用語を同じ意味で使います。私の理解では，これらの用語には，図書の貸出と複写物の提供の両方が含まれます。

ドキュメント・デリバリー・サービスは，新しい需要，新しい技術，新しいサービス・モデルによって変化し続けています。この講演では10の主要なトレンドに焦点を当て，米国の事例と国際的な事例を用いて私の見解を述べたいと思います。私が取り上げないトレンドもありますが，その他の問題についてもこのセミナーにおいてお話しする機会があるとよいと願っております。なお，私が取り上げるトレンドの順番は重要度によるものではありません。

1　電子出版・電子ジャーナルの影響

私が提示する最初のトレンドは，電子出版と電子ジャーナルの影響です。電子ジャーナルが広く普及し導入が進んだことによって，多くの図書館では，現在，資料費を大きく増やすことなく，以前よりも多くのコンテンツを提供できるようになっています。これは，電子ジャーナルがもたらした便益のひとつです。「ビッグ・ディール」（ある出版社の全タイトルを，通常，電子的なフォーマットで，あらかじめ定められた一定の期間購読するライセンス）契約を取り交わすことで，図書館やコンソーシアムは，これまで印刷体で購入していたタイトル以上に，当該出版社の全タイトルを利用者に提供できるようになります。理論的には，利用可能なタイトル数が増えることによってILLの依頼は減少するはずです。なぜなら，利用者は以前よりも多くのタイトルを電子的に利用できるからです。

ARL は，加盟館の電子情報資源への支出額を過去 10 年にわたって追跡してきました。2001/02 年には，電子ジャーナルへの支出は，図書館の雑誌に対する支出全体の 4 分の 1（26%）を占めています。1994/95 年の 5%に比べて著しく増加しました[2]。電子本への支出は現在の図書への支出の 4%未満にすぎません。2001/02 年の ARL 統計によると，ILL/DD 借受件数は年平均７%増加し，ILL/DD 貸出は年平均 3.7%増加しました[3]。これらの累積統計によれば，当該図書館に所蔵されていない資料への需要は減少しておらず，実際には増加しています。電子ジャーナルの増加によって ILL/DD サービスへのニーズが減少するという想定とは反対の事態が生じているのです。

ARL の 2003 年 ILL/DD サービス評価研究のデータからも，電子ジャーナルへのアクセスの影響によっても，ILL/DD の依頼件数はあまり減少していないことが確認できます[4]。しかし，特定の図書館においては，ビッグ・ディール方式のライセンスによって電子ジャーナル数を拡大した後に借受依頼件数が減少した，と報告している論文があります。これらの矛盾した結果から言えることは，電子ジャーナルが ILL/DD 件数に及ぼす真の影響を測るのは時期尚早だということです。

雑誌の電子版を刊行する出版社が増えていますが，これらの多くは自らのウェブサイトからドキュメント・デリバリー・サービスも提供するようになっています。利用者は出版社のウェブサイトにアクセスして雑誌の目次を無料で見ることができますが，論文本文にアクセスしたりプリントするためには料金を支払わなければなりません。こうしたペイ・パー・ビュー・サービス（pay-per-view）の利用は複雑です。研究助成を得ている教員は，自費で支払わなければならない教員や学生に比べて，多くの論文を購入するでしょう。出版社のドキュメント・デリバリー料金は，図書館の ILL/DD 料金よりもかなり高い場合が多いのです。コスト意識の高い利用者の中には，出版社のウェブサイト経由よりも ILL/DD

による論文取寄せに対して図書館が課す料金の方が安いことに気がついている人もいます。多くの引用には出版社の名前が記載されていませんので，論文の出版社とそのウェブサイトを探すのには労力がかかり，研究者はそうしたことをやりたがらないでしょう。

Google といくつかの商業出版社が連携してコンテンツへのアクセシビリティを高めるために行っている取組みは，より多くの利用者を出版社のウェブサイトへ導くかもしれません。逆に，Google と OCLC，マサチューセッツ工科大学（MIT）および 16 の学術機関が取り組んでいる，各機関の学術論文コレクションへのアクセシビリティを高めるためのパイロットプロジェクトは，利用者にとってまた別の機会をもたらすことになるかもしれません[5]。OCLC は最近，WorldCat データベースの全件を Google から検索できるようにすると発表しました。これも利用者が学術資料を見つけ出す方法の一例となり，その結果，利用者は ILL の申込みを行うかもしれません。

2　オープン・アクセスの影響

2 番目のトレンドは，オープン・アクセスの影響です。オープン・アクセスは伝統的な購読ベースの出版モデルに代わるものであると ARL では見なしています。新しい技術とネットワーク・コミュニケーションによって実現可能になりました。オープン・アクセスは，直接的な金銭の見返りを期待せずに作成され，そして教育・研究目的のためにインターネットを通じて読者に無料で提供される著作物のことを指しています[6]。

伝統的な学術雑誌出版においては，図書館が当該タイトルを購読している場合，あるいは ILL/DD で論文を依頼した場合にのみ，利用者は論文を読むことができます。オープン・アクセスはこれとは異なります。オープン・アクセス・モデルは雑誌に用いられる場合が多いため，「オープン・アクセス雑誌」という用語が，無料で読者に提供される雑誌論文のことを意味するようになっています。オープン・アクセス雑誌の生産には，査読から印刷，電子版の作成まで，依然としてかなりの費用がかかります。これらの費用を誰が負担するのかという問題，つまり，論文を投稿した著者か，刊行する大学か，またはオープン・アクセス・タイトルを購読する図書館かという問題はまだ答えがありません。タイトルによって，また大学によって異なっています。

オープン・アクセス・モデルはこの 12 か月でかなりの勢いを得ています[7]。オープン・アクセス・モデルは，次第に，大規模な多国籍商業出版社によって提供されている購読ベースのモデルに対する魅力的な代替モデルとみなされるようになっています。この代替出版モデルの策略は，米国の国立衛生研究所（NIH）が 2004 年 9 月に，自らが助成した研究の成果論文の無料公開を提案したときに，一気に広まりました[8]。NIH は著者の最終原稿

（雑誌への掲載が認められたもの）と補足資料を PubMed Central を通じて発行から 6 か月後に利用提供することを計画しています。予想されるように，商業出版界からは即座に非常に否定的な反応が返ってきました。同様の議論や論争は英国でも行われています。

オープン・アクセス運動はほんの数年前から始まったものですので，それが ILL/DD に及ぼす影響は未だはっきりしません。私は，今後 5 年間に，オープン・アクセスが ILL/DD に及ぼす影響は非常に緩やかなものだろうと考えています。オープン・アクセス雑誌の数が増えると，読者は関心のある論文をオープン・アクセスのタイトルの中から今よりもたくさん見出すようになるでしょう。このような読者は ILL の依頼を減らすでしょう。なぜなら，オープン・アクセスの論文で大半の研究や調査を行うことができるからです。このように，ILL/DD の処理件数の増加は緩やかになるか，あるいは減少することすらあるかもしれません。医学分野のオープン・アクセス雑誌論文の依頼件数は，かなり減少するというシナリオを描くことができます。しかも，学者・研究者が PubMed Central から発行後 6 か月で論文の全文にアクセスできるようになれば，依頼件数はもっと急激に減少するでしょう。しかしながら，もしオープン・アクセス雑誌の数が劇的に増えないならば，ILL/DD にはほとんど影響を及ぼさないだろうというのが私の見解です。なぜなら，学者は図書館に所蔵されていない商業学術雑誌の論文を引き続き必要とするだろうからです。

3　機関リポジトリの影響

3 つ目のトレンドとして，機関リポジトリの影響に焦点をあてます。オープン・アクセスと機関リポジトリは同じものではありませんが，同じ目的を共有しています。ネットワーク情報へのアクセスを提供し，研究や学問を支援するという目的です。機関リポジトリは大学の教員の知的生産物がこれまで歴史的に商業出版社に引き渡されてきたことに対して異議を唱えるための戦略です。機関リポジトリは今や，高速接続と瞬時のコミュニケーションというデジタルの力をベースとした全く新しい学術コミュニケーションの方法を促す可能性をもつまでに至っています。機関リポジトリは学術雑誌論文に限定されません。論文のほか，データセット，地図，授業のノートやテスト，図書，大学の記録文書，教員や学生の学術プロジェクトの成果など様々なタイプの著作物を含むことができます。

また，機関リポジトリは学問分野ごとに作られているアーカイブズを包含しつつあります。これらのアーカイブズは，著者や会員が作成した学術的な著作物のためのリポジトリとして，各学会が提供しているものです。

マサチューセッツ工科大学（MIT）がヒューレット･パッカード社とともに開発した DSpace が最もよく知られた機関リポジトリでしょう [9)]。MIT は自らが開発したソフトウェアを他の研究機関とDSpace連盟をつくって共有しています。機関リポジトリには多くの関心が集まっていますが，すべての北米の大学がリポジトリを運用しているわけではありません。多くはコンセプトを考案中か，または機関リポジトリを導入している最中です。

ILL/DDに対する機関リポジトリの影響は緩やかでありますが，しかし増大しています。OAI-PMH（Open Archives Initiative Protocol for Metadata Harvesting）を使うことで，物理的に別の場所にあるリポジトリのコンテンツを集めることができます。そしてこれによって，コンテンツの発見を促すことができるのです。しかし，個々の研究者が特定のコンテンツを機関リポジトリから見つける可能性は低く，機関リポジトリにある資料をILL/DDで依頼し続けるのではないかと私は思っています。同様に，ILL/DD担当の職員も求める資料が機関リポジトリで利用できることに気付かず，他の図書館やドキュメント・サプライヤーに依頼するかもしれません。機関リポジトリの現状は，図書館が所蔵資料を総合目録に出さなかった時代に似ています。所蔵情報は明らかにされているけれども，図書館ごとにしか提供されていない時代のことです。図書館の歴史をみれば，図書館とその利用者は個々のリポジトリの所蔵資料を簡便かつ統合的に発見する手段を見出すと思われます。このような意味において，OAI-PMHは機関リポジトリの成功にとって鍵となるものなのです。

4　出版社との関係

図書館と出版社は互いに互いを必要としています。両者は共生関係を何十年間にわたって維持してきました。わかりやすく言いますと，図書館は商業出版社や非営利出版社の出版物を収集しています。また，多くの出版社の出版物を保存する機能も果しています。商業出版社と研究図書館コミュニティとの関係はこの20年間悪化しています。それは，雑誌の危機（serials crisis）や商業出版社に有利な内容に改正された米国著作権法，いくつかの商業出版社によって報告されている極めて好調な収益の帰結といえます。図書館は伝統的に代理店を介して出版社と交渉してきました。代理店とは，図書や雑誌のベンダーのことで，図書館から注文と支払いを集約し，それらを直接出版社へと送ります。図書館の利用者が直接出版社と取引を行うことはありませんでしたが，出版社のウェブサイトやビッグ・ディール，ペイ・パー・ビュー・サービスの登場によって変わりつつあります。

ドキュメント・サプライヤーが出版社コミュニティと維持しなければならない関係は，図書館と出版社との関係とは大きく異なります。一般的に，ドキュメント・サプライヤーは利用者に電子的なコピーを提供するためには出版社の許可を得る必要があります。なぜなら，これらの活動は実際にかかる費用以上の対価を得ようとしているという意味で営利目的からです。また，著作権法が電子的な提供について規定していない国があるからです。

カナダ科学技術情報機関（CISTI）の新しいSecure Desktop Deliveryサービスは，CISTIが主要な出版社から，電子的な文献デリバリーを特定の条件のもとでのみ利用者に提供することについて許諾を得た後で導入されました[10]。多くのドキュメント・サプライヤーは著作権料率を直接出版社と交渉することで，他の図書館やドキュメント・サプライヤーに比べて低い料金を提示できているのかもしれません。これは図書館にとって有益な影響のひとつだといえます。

5　著作権法とライセンス問題

電子ジャーナルやオープン・アクセス，機関リポジトリと密接に関連して私が憂慮していることは，著作権とライセンスという双子の問題です。これが5つめのトレンドです。歴史的にみると，著作権は印刷資料を管理してきました。最近では，ライセンスが電子ジャーナルや類似の電子コンテンツの契約として望まれるようになっています。著作権法は国によって異なりますので，国際的な合意，例えばベルヌ条約のようなものが多様な著作権法を調和させるために形成されてきました。

著作権とライセンスに関する私の見解には偏りがあります。もし，私が商業出版社の協会を代表しているならば，著作権保護を強化し，著者ではなく出版社が著作権を保有すべきだとお話するでしょう。しかし，私の見解は図書館と図書館利用者の考えを反映しています。したがって，著作権者の権利保護と，著作権のある資料を利用したいという研究者や教員のニーズへの対応との間のバランスを維持することが重要であるという考えを強調することになります。

米国著作権法は，とりわけ図書館に対して，個人のためにコピーを作成し，またILL/DD業務を行うことを認めています。この10年以上，米国議会は著作権保有者，それはしばしば多国籍の商業出版社であるのですが，その保護を強化する法制度を提案したり，時には議決することもありました。私は出版社の代表者が次のようなことをほのめかしているのを聞いたことがあります。つまり，米国著作権法が図書館に対してILL/DDを依頼し受理することを認めた部分は削除すべきである，なぜなら，ILL/DDが原因で雑誌購読が減少しているからだ，と言うのです。図書館はこれに対して，購読価格の急激な高騰こそが図書館が購読を中止せざるを得ない主要な原因であると反論しています。

他の国々とは違い，米国著作権法では文献の電子的な送信に関して規定がありません。一方，法律によってArielのような電子的送付の技術を使用することを明確に禁じているところもあります。米国の図書館がArielを使って，その可否が法律で明確に規定されていない国の図書館へ論文を送信すると，興味深い法律問題が生じます。この場合，法律が破られているのでしょうか？もしそうであるならば，どの国の法律が破られたのでしょうか？

商業出版社は国際的に協働して著作権の強力な保護を確保しようとしています。この 10 年間で，英国図書館文献提供センター（BLDSC）と CISTI は，米国の図書館に対して著作権料無料のサービスをやめました。これは私の個人的な見解ですが，私は BLDSC と CISTI は商業出版社の圧力に屈したのではないかと考えています。これがひとつの原因となって，商業ドキュメント・デリバリー・サプライヤーの利用が減少したと思われます。利用の減少は，ARL の 2003 年 ILL/DD 調査で明らかになりました。

最近では，商業的な著作権保有者とその協会が，ドイツの subito のドキュメント・デリバリー・サービスに対して異議申し立てを行っています。その結果，subito はドイツ，オーストリア，スイス以外の国の図書館へのサービスを 2003 年 9 月に停止しました[11)]。2004 年 6 月には，商業出版社の一団が，EU 著作権指令のドイツ法への適用によって，著作権保有者の独占的権利が十分に保護されていないと訴えました。もし，商業出版社が subito を停止させるのに成功した場合，商業出版社は米国のドキュメント・デリバリー・サービスや図書館を次のターゲットとするのではないかと個人的には心配しています。少なくとも，米国のある研究図書館は最近，出版社の協会からドキュメント・デリバリー・サービスに関して質問を受けています[12)]。

著作権は伝統的に印刷資料を支配してきました。一方，ライセンスは電子ジャーナルの主要な保護手段となっています。米国では，ライセンスが著作権法に優先します。つまり，利用者は，ライセンスで禁じられている利用については，著作権法に依拠できないのです。例えば，ライセンスによって，図書館が ILL/DD の依頼を処理するために論文のコピーをプリントアウトするのが禁じられている場合には，たとえ米国著作権法によって印刷体の雑誌からコピーするのが認められているといえども，コピーは取れないのです。ILL/DD の依頼を処理するためにコピーを作成できるか否かは，図書館と商業出版社との間の契約交渉において強い緊張を孕む分野のひとつになっています。ARL 加盟館に対して行った最近の調査では，9 つの図書館が，ライセンスの中に ILL/DD が含まれるべきであり，そうでなければライセンスにサインしないと回答しました。

実務レベルでは，ILL/DD 担当の職員は各々のライセンスを読んで電子ジャーナルの論文のコピーが取れるかどうか判断しなければなりません。これによって，依頼の処理時間は長くなりますが，図書館がライセンス条項を遵守しようとするならば必要なことです。

もし，各図書館が学術資料の大半をライセンスによって受け入れており，しかも，著作権法の範囲内の利用がライセンスでは認められていない場合，ILL/DD の処理件数はかなり減少する可能性があります。幸いなことに，そうしたシナリオが増えていく可能性はなさそうです。なぜなら，図書館はライセンス交渉において ILL/DD の権利を得ることにどんどん成功しているからです。たとえ，その意味するところが，電子ジャーナルからプリントアウトした論文を再びスキャンして Ariel で送るということであったとしても，ILL/DD の権利を得ることには変わりありません。

6　学術ポータルの影響

これで 10 のトレンドのうち半分まで到達しました。6 番目のトレンドは学術ポータルの影響です。多くの図書館員は，ポータルのことを，図書館利用者の情報アクセスを効率化する方法（学部学生に対して，Google の検索によって発見した情報資源ではなく図書館の情報資源を利用することを促すためのそんなに難しくない方法）であると捉えています。ポータルには異なる定義や説明がたくさんあります。ある人にとっては，ポータルは，単に機能が強化されたウェブサイトまたはウェブ資源へのゲートウェイです。また，別の人にとっては，ポータルは情報発見のためのスーパーツールであり，有益なウェブ資源やライセンス契約された情報資源を一箇所のウェブページに集約し，利用者に対して，ファーマットやメタデータ，出版社のインターフェイス，キャンパス内の認証方法を気にすることなく，コンテンツを検索し発見し受け取ることを可能とするツールを意味します。ポータルは，非常に複雑なコレクションやデータベース，情報資源，サービスを，新しい利用者でも経験豊かな利用者でも容易に理解できる方法で提示するものです。

ポータルが ILL/DD に及ぼす影響はまさに認識されはじめたばかりです。ポータルの重要な特性のひとつに，印刷体と電子情報資源の双方を 1 回の検索で発見できるという特性があります。図書館の中には電子ジャーナルの目録を作成しておらず，オンライン目録に含まれていないところがあります。これらの図書館は単に電子ジャーナルのリストをウェブサイトで提供しているだけです。その結果，図書館の目録を検索している利用者には，図書館が求める電子ジャーナルをライセンス購読していることがわからず，図書館のウェブサイトのリストに掲載されている電子タイトルの論文を ILL/DD で依頼するかもしれません。ポータルで検索すれば，図書館目録とともに図書館のウェブサイトを検索し，利用者に対して，印刷体と電子版が利用可能であると知らせることができます。また，ポータルは，Open URL リンキング・プロトコルによって，利用者を論文のフルテキストへと導くこともあるでしょう。さらに，ポータルは他の図書館の資料やオンライン情報資源の発見を可能にします。ポータルの中にある ILL/DD の依頼フォームに自動的にリンクするようにすれば，利用者が ILL/DD を依頼する機会が増えるでしょう。なぜなら，依頼が非常に簡単だからです。

7つのARL加盟館がARLの支援を受けて行っている学術ポータルプロジェクトでは，学術コミュニティに対して，ウェブ上の単一のアクセスポイントから高品質な情報資源の発見を可能にし，情報や関連サービスをできる限り直接に利用者のデスクトップに送り届けるためのソフトウェアツールを提供しようと努力しています[13)]。このプロジェクトによって，ARL学術ポータル作業グループがZPORTALとその他のフレットウェル・ダウニング社（Fretwell-Downing）の製品を使って明らかにしたビジョンの実現可能性が示されるでしょう。

ARLポータル・アプリケーション作業グループの2004年最終報告書では，ILL/DDは，回答者が図書館ポータルの中に含めたいと考える主要なサービスのひとつだとされています[14)]。ILL/DDのリクエスト機能とILL/DD管理ソフトウェアへのリンクの双方または一方が，ワシントン大学やボストン大学，コネチカット大学，カリフォルニア大学アーバイン校，ヨーク大学，ネブラスカ大学で導入されています。

研究者や学生によるポータルの利用がILL/DDの依頼を減少させるかどうかを予測するのは時期尚早ですが，情報発見のためにポータルを用いることによって，ILL/DD依頼件数の増加をかなり緩やかにするでしょう。特に，所属する図書館が所蔵している電子ジャーナルに対するILL/DDの増加は緩やかになるでしょう。一方，利用者がポータルからILL/DDを依頼できるようになると，手続きが非常に容易になりますので，件数が増加するかもしれません。

7　国際的なILL/DDサービス

7つめのトレンドは国際ILL/DDサービスです。このサービスが実現するにあたって，技術標準が重要な役割を果しています。技術標準は私の8つめのトレンドです。Arielやそれと類似したインターネット・ベースの送付技術が，インターネットでアクセス可能なオンライン目録とともに，国際的に受け入れられて利用されるようになったことで，米国の図書館は，米国内の市や州の図書館で論文を発見しコピーを注文するのと同じくらい簡便に（またはもっと簡便に），日本やオーストラリア，南アフリカの図書館を通じて，論文を発見しコピーを注文することができるようになりました。

国際ILL/DDの課題は重要ですが，簡単には解決できないものでもあります。課題には次のようなものがあります。図書館職員や利用者がどのようにして資料の所蔵を見つけるのか？また，そのフォーマット，その形態を見つけるのか？その図書館が海外に貸出を行っているかどうかをどのようにILL/DD担当職員が判断するのか？ILL/DDの依頼を両者が読めて理解できる形式で送受信する方法，現物の送付にかかる高額の費用と国際間の電子的送付手段の欠如，そして支払いの困難と通貨の交換にかかる高額の費用です。

米国では，北米以外の図書館からの図書の貸出やコピーの依頼へのニーズが高まっています。しかし，国際的なILL/DDは未だ全貸出・借受依頼の1%にも満たない状況です。AAU（米国大学協会）/ ARL / NCC（北米日本研究図書館資料調整協議会）日本学術雑誌アクセスプロジェクトと日本の国立大学図書館協会によって行われているグローバルILLフレームワーク（GIF）等のプロジェクトは，新しい国際的なパートナーとのILL/DDの関係と信頼をつくりだすことを可能にしました。現在のGIF統計によれば，日本の参加館は北米の参加館に対して1,000件以上の依頼を送付し，北米の参加館は日本の参加館に対して800以上の依頼を送付しています。件数はささやかかもしれません。しかし，北米の図書館では所蔵されていない資料への依頼が充足されて利用者が喜んでいる，ということを私は承知しております。こうした依頼は，以前には謝絶という形で利用者に差し戻されていたものなのです。GIFで依頼された出版物の主題と発行年を調べてみると，古いタイトルと新しいタイトル，また同様に多くの異なる主題エリアのタイトルへの需要が確認されました。

図書その他の返却すべき資料の現物送付には，速達を使えば高額な経費がかかります。一方，経費のあまりかからない送付方法を使うと時間がかかります。米国の図書館は歴史的に外国に資料を送付した場合に紛失する恐れがあることを心配してきました。「水恐怖症」とでも言うべきかもしれませんが，海を越えて相互貸借資料を送ることに対する恐れは今日ではあまり問題になりません。しかし，現在においても海外に図書を貸し出さない図書館があります。研究図書館グループのSHARESプログラムは，北米と英国の図書館が資料を紛失することなく共有したすばらしい例です。

貸出料金の支払いがもうひとつの課題です。国際図書館連盟（IFLA）のバウチャー制度は発展途上国の図書館が貸出料金の支払いに際して高額な銀行手数料がかからないようにするために設けられました。プラスチック・クーポンは再利用できます。有効期限もありませんので，受け取った館は他の図書館にILL/DDの料金の支払いとして使用することができます。バウチャー制度は，現在では主に先進国の図書館で利用されていますが，小切手を振り出したり，外国通貨立ての小切手を自国通貨に交換することに比べて安上がりな代替手段です。IFLAのドキュメント・デリバリー・相互貸借分科会は，紙のバウチャーと同じようなものが電子的にできないかどうかを調査しています。

8　技術標準

技術標準が私がお話する8つめのトレンドです。技術標準は多くの図書館員にとって目につかない隠れた存在です。ましてや，図書館利用者は誰も知らないはずです。標準規格を基盤として，目録レコードが作成されたり，また，遠隔地から目録が検索され，ILL/DD依頼がやり取りされます。私は，ILL/DD関係者に直接関係がある標準規格を3つだけ取り上げます。

まずはじめに，ISO ILLプロトコルです。この国際標準規格を用いることによって，2つの異なるILL/DDアプリケーションの間で，ILL/DDの処理に関するデータを交換することができます。この標準規格は，図書館が仲介するILL/DDの過程をサポートするもので，利用者がそれぞれのILL/DD部門へ依頼をどのように送信するかという工程は除かれています。ピア・ツー・ピア（Peer-to-peer）のILLという点が，プロトコルをベースとしたデータ交換の特徴のひとつです。

この標準規格は，NACSISとOCLCのILLシステム間連携で用いられています。また，研究図書館グループ（RLG）のILL Managerをはじめとする多くのILL/DD管理ソフトウェア製品に導入されています。しかしながら，ISO ILLプロトコルを用いて送信されたやり取りの件数は，バージョン2が利用されるようになって10年以上が経ちますが，いまだつつましいものです。国際標準化機構（ISO）第46専門部会はこの秋にILLプロトコルの第3版の投票を行いました。現段階では，投票の最終結果はわかりません。ISO ILLの影響はゆるやかですが，増大しています。

図書館は，図書館員が仲介するILL/DDよりも費用対効果の高い方法を提供することに関心を抱いています。NISO貸出交換プロトコル（NCIP），Z39.83は2つの貸出アプリケーションの間の通信，または図書館の貸出アプリケーションとILL/DDアプリケーションとの間の通信を制御するものです。この標準規格には，図書館員が仲介するILL/DDの処理を，利用者が直接申込む方式の貸出処理へと転換させる能力があります。最近のARLのILL/DD調査では，利用者直接申込みのILL/DDのほうが，図書館員が仲介するILL/DDよりも費用対効果が高く，早く，また充足率が高いことが確認されています。貸出ステータスを確認することができたり，宅配便や商業的なデリバリー・サービスを利用できるため，処理時間が早く充足率が高いのです。NCIP規格の影響は，潜在的には非常に大きいのですが，それはベンダーがNCIPに準拠した製品を市場に投入し，図書館がそれらの製品を導入したときにはじめて明らかになるでしょう。

OpenURLは私が言及する最後の標準規格です。OpenURLは，メタデータのパッケージをリンク・リゾルバーに送信するための構文を標準化したものです。OpenURLは「適切コピー」の問題を取り扱ったものです。つまり，OpenURLによって，利用者は図書館が印刷体のコピー，全文コピーを持っているのか，それともILL/DDまたはドキュメント・デリバリーの依頼ができるのか，商業的なドキュメント・サプライヤーから入手できるのか，他の図書館がその資料を所有しているのかを判断することができるようになります。この標準規格によって，利用者が電子ジャーナルに導かれることから，図書館がライセンス契約している電子ジャーナルの論文へのILL/DD依頼をいくらか減少させることになります。この標準規格は多くの学術ポータルに導入されつつあります。しかし，先に述べましたように，OpenURLの影響は現実のものというよりは，まだまだ潜在的なものであります。

9　利用者直接申込みの（user-initiated）サービス（図書館を経由しないサービス）

米国におけるILL/DD件数の大半は，OCLCのような図書館のILL/DDシステムを経由して処理されていますが，利用者直接申込みの（user-initiated）ILL/DDサービスというトレンドも徐々に大きくなっています。北米では，「利用者直接申込みのILL/DD」という用語を用いるときに，それが何を意味しているかについて，まだコンセンサスがありません。最新のARLのILL/DD調査では，「利用者直接申込みのILL/DD」を次のように定義しています。つまり，図書館利用者が目録を検索し，資料を同定し，資料の依頼を図書館職員の助けや仲介なしに行う，というものです。ソフトウェアによっては，利用者が資料を同定，選択した後，提供できそうなサプライヤーに依頼を送ることもあります。多くの人々は「利用者直接申込みのILL/DD」のことを「遠隔貸出（remote circulation）」や「直接コンソーシアム借受（direct consortial borrowing）」と見なしています。なぜなら，このサービスの特徴は，図書館員が仲介する伝統的なILL/DDのプロセスよりも貸出サービスの方と共通点が多いからです。

INN-ReachとURSAの2つが成功を収めている有標製品で，それぞれInnovative Interface社とDynix社によって市場販売されています。中でもOhioLINKやORBIS，MOBIUSコンソーシアムはINN-Reachソフトウェアを使用しています。URSAは北東部のアイビーリーグの図書館グループであるBorrow Directが使用している製品です[15]。

2002年の半ば，米国情報標準化機構（NISO）の投票メンバーは新しい標準規格であるNISO貸出交換プロトコル（NCIP）を承認しました[16]。先に述べたように，この標準規格は異なるベンダーの2つの貸出アプリケーションが互いに資料や利用者，機関に関する情報を交換できるように一連のメッセージを定義したものです。ベンダーは現在，既存の製品に対し，NCIPメッセージをサポートできるようアップグレードするために，コーディングしているところです[17]。現在まだ広く図書館には配置されていませんが，NCIP準拠のシステムを利用することによって，同一ベンダーの製品を購入しなくても，図書館員は利用者直接申込み型モデルを提供できるようになるでしょう。

10　ドキュメント・デリバリーの新しい役割

10番目の，そして最後のトレンドは将来を見据えたものです。図書館，ドキュメント・デリバリー・サービス，ドキュメント・プロバイダーはこれからの10年も消えることはないでしょう。電子ジャーナルやオープン・アクセス雑誌に掲載された論文や各機関のアーカイブで利用できる論文に対する図書館の依頼は減少するかもしれません。しかしながら，多くの研究者は現在でも古い資料へのアクセスや利用を求めています。現在の資料と古い資料の双方を提供できるかどうかが，ドキュメント・サプライヤー（そして図書館）にとって鍵なのです。

ドキュメント・サプライヤーは多くの領域で役割を拡張するでしょう。例えば，ユニークなコレクションの電子化，独自に設備をもつことができない図書館に対する電子化サービスの提供，翻訳サービス，著作権とライセンスとの調和のとれた環境づくり，既存及び開発中の電子的デリバリー技術の利用の拡大，図書館と競争可能な料金設定などです。

ドキュメント・デリバリー・サービスは利用者のニーズに基づいて発展・成長していくでしょう。主要なドキュメント・サプライヤーがグローバルなネットワークを構築することによって，米国，日本，その他の国々の図書館員は利用者が求める資料へのアクセスを確保することができるようになります。ドキュメント・デリバリーはもはや周辺的なサービスであると見なされることもなくなるでしょう。ドキュメント・デリバリーは中核的な業務であり，図書館が収集する出版物を減少させるにつれて更に鍵となる業務へとなっていくでしょう。

最後に

以上，10の主要なトレンドを概観してきました。この講演は，図書館やドキュメント・デリバリー・サービス機関が，ローカルな利用者また遠隔利用者に対して，相互貸借とドキュメント・デリバリー・サービスを提供していく方法に影響を与えると思われる領域について，見通しをお示しすることを意図しました。これらのトレンドの影響の度合いを予測することは困難ですが，ドキュメント・デリバリー・サービスが今後20年間消えることはない，という点については確信をもっています。

最後になりましたが，このセミナーにお招きいただき，戦略的な方向性とトレンドについてお話をする機会を与えていただきありがとうございました。このセミナーに参加することができ光栄です。皆様からのご質問やご意見を歓迎いたします。ありがとうございました。

（注）

1) http://www.arl.org/access/

2) Mary M. Case, "A Snapshot in Time: ARL Libraries and Electronic Journal Resources," *ARL: A Bimonthly Report on Research Library Issues and Actions from ARL, CNI, and SPARC* #235 (August 2004): 1-10.

3) "Supply and Demand in ARL Libraries, 1986-2002," *ARL Statistics, 2001-2002* (Washington, DC, Association of Research Libraries, 2003): 12.

4) Mary E. Jackson, *Assessing ILL/DD Services: New Cost-Effective Alternatives* (Washington, DC, Association of Research Libraries, 2004): 49 - 51.

5) "OCLC Research will Harvest DSpace Metadata," http://www.oclc.org/research/announcements/2004-04-09.htm/

6) Mary M. Case, "Framing the Issue: Open Access," *ARL: A Bimonthly Report on Research Library Issues and Actions from ARL, CNI, and SPARC* #226 (February 2003): 8-11.

7) For more information about open access see http://www.earlham.edu/~peters/fos/

8) "Notice: Enhanced Public Access to NIH Research Information," http://grants1.nih.gov/grants/guide/notice-files/NOT-OD-04-064.html/

9) http://www.dspace.org/

10) http://cisti-icist.nrc-cnrc.gc.ca/docdel/sdd_e.shtml/; Andrew Braid, "The Use of a Digital Rights Management System in a Document Supply Service," *Interlending and Document Supply* 32, no. 3 (2004): 189 -191.

11) "Important Information about SUBITO Delivery to Foreign Countries." http://www.subito-doc.com/.

12) Case.

13) http://www.arl.org/access/scholarsportal/

14) *The Current State of Portal Applications in ARL Libraries*: Results of a Survey Conducted by the ARL Portal Applications Working Group, compiled by Mary E. Jackson, May 2004. http://www.arl.org/access/portal/PAWGfinalrpt.pdf/

15) Danuta A. Nitecki and Carol L. Jones, "Borrow Direct: its Impact on Service Quality at Yale University Library." *Interlending and Document Supply* 32, no. 3 (2004): 146 - 151.

16) A list of approved NISO standards is available at: http://www.niso.org/standards/index.html/

17) The NCIP Maintenance Agency is available at: http://www.cde.state.co.us/ncip/

The Future of Document Delivery Services

Document Delivery Services in the Digital Age
Kansai-kan of the National Diet Library
Kyoto, Japan
December 15, 2004

Mary E. Jackson
Director of Collections & Access Programs
Association of Research Libraries
Washington, DC USA

Overview of Presentation

- Discuss 10 key trends
- Uses North American and international examples
- Speculate on the impact of each trend
- Use "interlibrary loan," "document delivery," and "ILL/DD" interchangeably

1. Electronic Publishing/Electronic Journals

- Growth of the "big deal"
- E-journals account for 26% of an ARL library's serials expenditures
- E-books are less than 4% of monographic expenditures
- BUT, ILL borrowing increasing 7%/year

1. Electronic Publishing/Electronic Journals

- Impact on ILL/DD: too early to measure
- Publishers offering access to e-journals
- Google partnerships with commercial publishers, OCLC, academic libraries

2. Open Access

- Alternative to traditional, subscription-based, publishing model made possible by new technologies and networked communication
- Available at no cost to reader on the public Internet for purposes of education and research

ASSOCIATION OF RESEARCH LIBRARIES 5

2. Open Access

- Applied most often to journals
- Who pays for production - the author, the institution, the library - varies
- U.S. National Institutes of Health open access proposal is not being accepted by commercial publishers

ASSOCIATION OF RESEARCH LIBRARIES 6

2. Open Access

- Impact on ILL/DD: modest over next 5 years
- Greatest impact in medical field, with potential for fewer ILL/DD requests from those titles

ASSOCIATION OF RESEARCH LIBRARIES 7

3. Institutional Repositories

- Provide access to networked information created in the university
- Scholarly articles, datasets, maps, course notes, monographs, university records, student projects, etc.

ASSOCIATION OF RESEARCH LIBRARIES 8

3. Institutional Repositories

- D-Space - MIT, Hewlett-Packard
- Much interest, but modest implementation
- Impact on ILL/DD: modest at present
- Discovery of where content resides still a challenge
- OAI-PMH standard is key

ASSOCIATION OF RESEARCH LIBRARIES 9

4. Relationship with Publishers

- Relationship between libraries and commercial publishers has deteriorated over past two decades
- Relationship between document suppliers and publishers is business-based
- Impact on ILL/DD: not clear

ASSOCIATION OF RESEARCH LIBRARIES 10

5. Copyright and Licensing Issues

- Copyright governs print
- Licenses govern electronic content
- Balance between rights of copyright owners and users of copyrighted works is essential

ASSOCIATION OF RESEARCH LIBRARIES 11

5. Copyright and Licensing Issues

- U.S. copyright law is silent on electronic transmission
- Other countries prohibit electronic transmission
- Whose laws apply?

ASSOCIATION OF RESEARCH LIBRARIES 12

5. Copyright and Licensing Issues

- Commercial publishers working to ensure strong copyright protection
  - BLDSC, CISTI, Subito
- Use of e-journals for ILL/DD is a tension in contract negotiations
- As libraries move to electronic-only content, ILL needs to be included
- Impact on ILL/DD: worrisome

ASSOCIATION OF RESEARCH LIBRARIES 13

6. Academic Portals

- Many definitions
  - Enhanced website or gateway to resources
  - Super discovery tool that presents range of content to users

ASSOCIATION OF RESEARCH LIBRARIES 14

6. Academic Portals

- Impact on ILL/DD: just beginning
  - Easier access to list of electronic journals on a library's web site and not in the catalog
  - Easier to discover new content
  - Link to full-text via OpenURL
  - Includes ILL/DD request form

6. Academic Portals

- Scholars Portal Project
- ARL Portal Applications Working Group Final Report
  - ILL/DD requesting and link to ILL management software key features

7. International ILL/DD

- Technical standards, electronic delivery technologies
- Challenges are significant
- In U.S., need for international ILL/DD is less than 1% of borrowing
- Global ILL Framework
- Physical delivery expensive
- Payment of lending fees expensive

ASSOCIATION OF RESEARCH LIBRARIES 17

8. Technical Standards

- ISO IL Protocol
  - Mediated ILL/DD
  - NACSIS and OCLC
  - Version 3 will be reviewed to see if it can be made backward compatible with version 2
- Impact on ILL/DD: potentially great

ASSOCIATION OF RESEARCH LIBRARIES 18

8. Technical Standards

- NCIP
  - Communication between two circulation applications
  - More cost-effective, faster, higher fill rates
  - Impact on ILL/DD: potentially very great, but vendors are still developing NCIP-compliant products

8. Technical Standards

- Open URL
  - Links to resolver
  - Addresses "appropriate copy" problem
  - Links directly to full-text article
  - Impact on ILL/DD: more potential than real

9. User-initiated Services

- Library users search catalogs, identify items, place a circulation hold without help from library staff
- Request received at owning library immediately
- INN-Reach and URSA
- Supported by NCIP
- Impact on ILL/DD: potentially great

ASSOCIATION OF RESEARCH LIBRARIES 21

10. New Document Delivery Roles

- Document suppliers (and perhaps libraries) will digitize unique collections, digitize for other libraries, translate documents, support balanced copyright, use more electronic delivery technologies
- Change based on needs of users

ASSOCIATION OF RESEARCH LIBRARIES 22

One Closing Thought

Need for document delivery services will not disappear in next two decades.

ASSOCIATION OF RESEARCH LIBRARIES 23

Thank You

Mary E. Jackson
Director of Collections & Access Programs
Association of Research Libraries
Washington, DC USA

mary@arl.org

ASSOCIATION OF RESEARCH LIBRARIES 24

デジタル時代における英国図書館の文献提供：ビジョンと戦略
Vision and Strategy : Document Supply in a Digital Age

マット・フレガー
（英国図書館セールス・マーケティング部長）
Mat Pfleger
Head of Sales and Marketing
The British Library

はじめに

本日，国立国会図書館において講演の場に立つことを大変うれしく思います。本日のセミナーのテーマである「デジタル時代のドキュメント・デリバリー・サービス」は，大変時宜にかなったものです。ドキュメント・サプライ産業，さらに広くいえば情報産業は，現在注目すべき変化を経験しており，私は英国図書館（BL）のセールス・マーケティング部長として，BL及びこの産業に関わるすべての提供者が，外部市場の進展を絶えず考慮して，研究に適した資源を確実に提供できるようにする必要があると意識しています。

本日は，これらの変化に対してBLがどのように対応しているかについてお話したいと考えていますが，その前に，BLとはどのような組織か，何を行っている組織かについてお話しします。

スライド3－英国図書館とは

まずは，多くの方がご存知であるBLのドキュメント・デリバリー事業から説明します。BLは，どこよりも長くこの事業に携わっており，130か国2万人以上の顧客に文献を提供しています。近年，BLはいくつかの事業に大きな変更を加えています。この点は後ほどお話しします。現在までのところ，BLはサービスのスピード，品質，柔軟性で有名といってもよいでしょう。BLの事業において最も注目すべき特徴のひとつは，幅広く深い専門的知識です。BLには，何年もの経験を積んだ7,800人の職員が所属し，BLの利用者に多大な利益をもたらしていると自認せずにはいられません。BLが提供する情報サービスのすべてが著作権法に準拠したものとなるように図書館が努力していることも、BLの顧客の役に立っているでしょう。我々は，出版産業の仲間たちと緊密に対話し，著作権者に対して必要な保護を行いつつ，協力してドキュメント・デリバリーの刷新を行っているのです。

スライド4－英国図書館の蔵書

当然のことながら，優れたサービスには堅固な土台が必要ですが，BLの蔵書はまさに世界有数のものです。法定納本図書館として，我々の資源は，何千人もの人々－研究者，愛書家だけでなく，外交官，旅行者，科学者，経営者，宣教師，行政官も含めて一の関心や業績を著した比較的小さなコレクションを寄せ集めて構築されてきました。したがって，これらのコレクションは，それ自身が社会的・歴史的文書であり，また，国家の研究基盤を支え，ビジネス，教育，一般市民に提供される，比類なき情報資源です。

今日，BLは，この上ない勢いで法定納本による資料の収集や，ドキュメント・サプライ用の蔵書の収集を進めています。印刷体，音楽資料，マイクロ資料，切手，手稿，絵画に加えて，現在増えつつある電子資料（オンライン出版物，ウェブサイト）の収集を行っています。このことにより，我々は米国議会図書館，フランス国立図書館，ロシア国立図書館，中国国家図書館と並んで世界の「5大図書館」のひとつを形成し，幅広い層の利用者に対してワン・ストップ・サービスを保証しているのです。BLは，蔵書の幅広さ，多様性に力点を置いています。我々は，ありとあらゆる角度から情報を提供していくことがもたらす非常に大きな価値を認識しているからです。そうすることによって，オーラル・ヒストリーのような下位の学問分野や社会科学のような広範な学問分野を支援しているのです。

スライド5ー議題

さて，少し話題を広げて，BLが「変化しつつある世界」という言葉をどのように考えているか，ということに話を移したいと思います。我々は，当然のことながらこの言葉の意味と，この言葉が一般的な側面と特殊専門的な側面を持つことを知っています。市場が根本的に変化しつつあるため，この変化を 2 つのグループに分けて分析したいと考えています。ひとつは「利用者」，すなわちBLの顧客及び潜在的な顧客です。そしてもうひとつは「影響を与える人と関係者」，すなわち出版者，協力者，競争相手と政策決定者です。

スライド6ー情報はすべての人にとってアクセスしやすくなっているわけではない

BL の利用者，または潜在的利用者の特徴の変化をはっきりさせることは，「関係者」の動きを分析するよりも難しいところがあります。これは，利用者の特徴の変化が広範囲にわたることと，伝統的な情報活用についての先入観に挑むところがあるためと思われます。

まず明らかになっている点から述べますと，英国の成人のうち 53%（約 1,300 万世帯）が家庭でインターネットにアクセスしていますが，1998 年の時点では家庭でインターネットにアクセスしている人が 9%（約 220 万世帯）であったことを考慮すると，情報へのアクセスはこれまでにない割合で伸びていることがすぐにわかります。この伸びは今後も続くであろうことを示す証拠も十分にあります。そしてこのことは，人々が情報にアクセスする手段を持っているというだけではなく，その手段が大変重要なものであることを示しています。最も人気のあるウェブサイトは，様々な主題やサービスをひとつの仮想屋根の下で提供する「混成」ポータルサイトです。これらのウェブサイトによって，だれでも「研究者」になることができ，情報へのアクセスや情報資源の間を動き回ることがこれまでより簡単になるのです。

出版モデルの進展によって，民主化のプロセスが進行しています。オープンアクセス雑誌は日々成長していますので，このスライドに示した多くのオープンアクセス雑誌は，今では時代遅れになっているでしょう。オープンアクセスの将来にはまだまだ議論の余地がありますが，その成長は確実に，我々のドキュメント･デリバリー事業に対する意識を喚起するものになっています。

スライド7－顧客の期待の変化－原動力

このことが顧客に与えるインパクトは劇的なものです。進んだ技術の強力な組み合わせは，人々が場所と時間を問わず求める情報にアクセスすることを可能とします。オンラインサービスが増加したことによって､顧客の行動に大きな変化がもたらされたのではないかというのが私の見解です。Google のような会社が登場することによって，情報資源の発見が促され，また出版モデルの進展によって，伝統的には全く独占されていた情報資源に対して今までにないようなアクセスが提供されるようになっています。そして，これらによって，顧客の期待は劇的に高まっているのです。

スライド8－顧客の期待の変化

文献提供者にとっては，こうした期待の増加が研究資料への迅速なアクセスに対する要求となって現れていることが最も重要なことでしょう。このことは，我々のドキュメント･デリバリーの顧客全体に当てはまることです。BL の顧客はまた，当然のことですが，明快な料金システムを期待しています。この期待は，BL がより多くのエンドユーザーに対して情報を提供するようになるに従って，さらに一般的になるでしょう。

多くの情報をオンラインですぐに入手できるようになったことで，顧客は無料，有料の資料を自らのニーズに応じて選択し組み合わせることができ，ドキュメント･デリバリーへの期待も変化しています。BL の一連のサービスの最も大きな強みは，無料，有料の製品やサービスを幅広く含んでいる点にあります。例えば，BL は Collect Britain のようなオンラインサービスを無料で提供しているほか，購読方式のデータベースや伝統的なドキュメント・サプライ・サービスを提供しています。このことにより BL の顧客は，相互に補い合う幅広い製品の中から自らの情報ニーズに応じて選択をすることが可能になります。BL のサービスに備わっている選択性という特長は，BL の顧客が有する多様性を反映しているのではないかと私は思っています。

迅速なアクセスとは，場所を問わず顧客が選んだところに情報を提供することに他なりません。研究活動に地理的国境はないとの認識がますます高まっており，ドキュメント･デリバリーは需要側のニーズに合った十分に柔軟なものであることが不可欠になっています。そして，ドキュメント･サプライを成功させるための必要条件は，効果的なナビゲーション･ツールを提供することです。それは単一のユーザー・インターフェイスであることが望ましいでしょう。これらの点については，これまでの BL の改革や，将来へ向けた戦略について詳しくお話するときに，再度触れることにします。

スライド9－研究者のニーズの変化

情報利用の変化は，一般市民や「伝統的でない」情報利用者に限られるものではありません。より伝統的な学術研究者もまた，利用行動，期待，認識を変化させつつあります。このケーススタディは，2004年1月の*Library Journal*誌に掲載されたエルゼビア社の研究者とテノピア（Carol Tenopir）氏の論文に載っており，私やBLの同僚の目をひきました。その論文は，「Googleは競争相手か？」と題されており，エルゼビア社の研究者が図書館員と研究者に頼りになるオンラインサービスを 3 つ挙げてもらったところ，図書館員はScienceDirect, ISI社のWeb of Science, Medlineを挙げたのに対して，研究者はGoogle, Yahoo！, PubMedを挙げたというものです。この結果は，その意味するところにかかわらず，示唆に富んでおり，今日議論されているいくつかのテーマにすばらしい実例を提供してくれるのです。

スライド10－影響を与える人と関係者

研究者のニーズ，期待の変化に加えて，我々が事業を展開している枠組みや市場の関係者もまた変化しており，これはドキュメント・デリバリーの提供者にとって重要な意味をもつものです。

スライド11－外部の市場の変化

著作権法に関する EU 指令は，商業ベースの研究に対して深い影響を与えています。英国では2003年10月に指令が適用されましたが，BLが現在出版者に代わって課している著作権料の平均は15ポンド（約3千円）です。商業ベースの研究を手がけている組織にとって，研究論文の全文を入手するコストは平均で 2 倍になっています。商業ベースの研究者は，情報サービスをかってないほどに厳しく選択するようになっており，欠乏よりもニーズに基づいて判断するようになっています。つまり，BLにとっては，企業が研究予算を調整するにしたがって，商業的な市場が縮小することになります。

オープンアクセス運動は，まだ揺籃期ではありますが，伝統的な出版モデルやドキュメント・サプライの仲介者に対して重要な課題を突き付けています。オープンアクセスをめぐる議論は，英国では今年になって議会の特別委員会で科学研究出版物のアクセス可能性について調査が行われたこともあり、特に高次な政策方針になる様相を呈しています。皆さんは議論の内容をよく御存知でしょうし，また，その意義を評価されていることでしょう。アクセス可能性とコストという対をなす論点が政策決定者たちの議論の俎上にのぼっていることが何よりも意義深いことだと私は考えています。

スライド 12ー外部の市場の変化（2）

本日の限られた時間では，市場に影響を与えているあらゆる変化について詳細をお話しすることはできませんが，ドキュメント・デリバリーに現在影響を与えており，かつ今後も影響を与えつづけるであろういくつかの鍵となる展開について，簡単にまとめてみたいと思います。

英国高等教育界に属するBLの長年の顧客は，出版者と「ビッグ・ディール」と呼ばれる契約を取り交わしてきました。確かに，BLの顧客の中にはそれが支払いに見合う価値を持つものなのかどうか疑問を持つ人もいますが，ビッグ・ディールは英国の大規模な大学に対するBLの情報提供に間違いなく影響を与えてきました。以前は大学ともっと包括的な連携関係にありましたが，現在では一般的に，BLはビッグ・ディールに含まれていない情報資源を提供するようになっています。

出版者はこれまで論文単位の文献提供にやや慎重でしたが，従量制の“Pay As You Go”モデル（論文一部売りモデル）を導入したことによって大きく姿勢を転換しました。大規模な出版者はみな従量制のサービスをウェブを通じて直接に提供するようになっています。これによって，出版者以外の文献提供者は，ドキュメント・サプライ市場をさらに侵食されているのです。

出版者はまた，購読モデルへの取組みを修正し，市場の力学を変えています。英国化学会（RSC）は2004年，英国情報システム合同委員会（JISC）を通して学術雑誌アーカイブを全国の高等教育機関に一大学あたり年間500ポンド（約10万円）で提供できるようにしました。

最後に，Googleのような巨大なコンテンツ・アグリゲータが既に出現しています。国立図書館と出版者は，巨大なコンテンツ・アグリゲータの出現が情報連鎖における自らの役割にどう影響するか，また，強力な新規市場参入者とともにどのように活動すべきかを早く決定する必要があるでしょう。つい先月，Google Scholarのサービスが開始され，ロンドンでのデータベース展示会において，従来からの関係者の注目を浴びました。Google Scholarはまだベータ版ではありますが，ここには，現在の市場において主役の座を占めようとするGoogleの意思が現れているのではないかと思います。

スライド 13ーこれらは英国図書館にとってどのような意味を持つか？

では，これらのことは英国図書館にとってどのような意味を持つのでしょうか？　私の考えでは，それらが意味するところは深く，我々は戦略を根本的に問い直す必要があります。我々がすべての答えを持っているという印象を与えたくはないのですが，はじめに問題提起をすることは，将来のビジョンと戦略を系統立てて表すために重要なステップであると考えています。

おそらく，最も大きな問題は，どのようにすれば我々がGoogleとともに育ってきた「デジタルに詳しい」世代のニーズを最大限満たすことができるかということでしょう。誰でも研究者になれる世界，何百万もの組織が様々な方法で情報を提供する世界において，従来の情報提供者が果たすべき役割は何か，また何が我々にとっての成功を意味するかということを真剣に考える必要があります。

また，情報価値の連鎖の中でどこに焦点を置くべきか，データのような従来にないタイプの情報に対して我々はどのような役割を果たすべきか，そしてまとまりのあるコレクションを提供し，コンテンツ・デリバリーの革新的な製品やサービスを創り出すためにはどのような相手と協力すべきかといった問題もあります。そしてもちろん，図書館がデジタル・コレクションとモノとしての蔵書の両方をいかに効果的に管理すべきかといった問題も，絶えず存在しているのです。

スライド 14－課題

ここまでは，背景についてお話ししてきました。ここからは戦略に話を移し，BL がこれら多くの課題にどのように取り組んでいるかについてお話します。

スライド 15－われわれはどのように応えているか？

まず，単にドキュメント・デリバリーの提供者としてだけでなく，組織として，我々が 5 年後にどのようになりたいのかについて明確なビジョンを持つことが重要です。多くの方は，BL が巨大で多様な組織であることを十分に認識されていることでしょう。改革を戦略どおりに明確に進めていくことが我々の最も難しい課題のひとつとなっています。

我々の使命は，その目的を問わず研究したいと思っている人々を支援することです。この使命は我々のドキュメント・デリバリー事業にとって特別な意味をもっています。我々は，この使命に沿って，世界規模のドキュメント・デリバリー事業を運営できるように，アクセス可能性と効率性に重点を置いています。

BL では，3 年前から改革に着手し，ベストプラクティス（最良の実践例）に基づいたビジネス・リエンジニアリングを進めています。これについては後ほどさらに詳しくお話しします。また，事業の運営面を改善するだけでなく，抜本的なリストラクチャリングと組織文化の変革を行う必要がありました。BL は公共の利益と営利事業の両方を支えるための公的組織です。BL の職員がこの改革の中で欠かせない役割を果たし，事業の近代化に寄与したということは重要なことです。この改革は大きな成功を収め，今年（2004 年）の始めに英国産業連盟（Confederation of British Industry）から「フィット・フォー・ザ・フューチャー（Fit for the Future）」賞を頂いたことを誇りに思っております。

改革の結果は今日のドキュメント・デリバリー事業に表れています。すべての資料が元のフォーマット形式を問わず電子的に送付されます。直ちにダウンロードすることができる資料は 3,000 タイトル，論文はエンドユーザーに電子的形式で直接に送付され，うち 80% 以上が 24 時間に届けられます。

来年は顧客のインターフェイスを向上させることが重点課題になります。近く “British

Library Portal”を公開し，従量制のサービスを含めあらゆるサービスへの継ぎ目のないアクセスを提供します。また，顧客サービスを平易なものとし，真のワン・ストップ・サービスの提供を保証しようとしています。

スライド 16－近代化プログラム　第 1 段階

ここで，BL の近代化・変革プログラムのそれぞれの段階について，鍵となる変化に焦点を当てながら，詳細を見ていくことにします。

第 1 段階は，2 年間で 170 万ポンド（約 3 億 3 千万円）を投資し，BL の文献提供サービスの主として運営に関する側面に焦点を当てたものです。コピー機からスキャニング・ステーションへの移行と新たな注文管理システム Relais の導入がこの段階の鍵となるできごとです。BL が現在対応しているあらゆる文献提供の要求は，送付方法にかかわらずスキャンされます。この投資により，BL の職員の作業環境がはるかに良くなっただけではなく，効率化の結果，これまで 2～5 日かかっていた処理に要する標準時間が大幅に短縮されるという効果も出ています。従来は郵送，ファクシミリ，あるいは Ariel によって提供していたのに対して，電子的形式による提供が増加する傾向にあります。

スライド 17－サービスを高める　第 2 段階

市場に対して電子的送付という新しい方法を導入するのは容易ではありません。英国の国立図書館として，我々は著作権法を厳格に適用しています。また，顧客に対して迅速かつ費用対効果の高いサービスを提供しながらも，あらゆる機会において著作権者を保護しようとしています。したがって，どのような方法を取るにしろ，著作権の濫用に対する出版者の懸念に対応するとともに，研究者が注文した資料を入手して読むにあたってプラグインや特殊なソフトウェアのインストールを必要としないものでなければなりません。適切な方法を見つけるために，BL は学協会出版者協会（ALPSP）やエルゼビア社，アドビ社といった関係者や多くの顧客と協働し，業界のニーズを満たす手法を開発してきたのです。

スライド 18－我々は何を創りだしたか

Secure Electronic Delivery（SED）は，2004 年 1 月に提供を開始し，月を追うごとに BL や顧客にとって益々重要な送付手段となりつつあります。SED は，必要に応じて，2 時間以内に 1 億を超える論文へ顧客のコンピュータからアクセスすることを可能とします。また，著作権者の保護と同時に，研究者に対しては世界最大規模の所蔵雑誌へ迅速かつ効果的にアクセスする方法を提供します。

スライド 19－アクセス可能性

2004 年 1 月の SED の提供開始と，首尾よく進んだドキュメント・サプライセンターの運営面の近代化に続いて，2004 年の BL は，蔵書のアクセス可能性を一層高めることに注目しました。2005年には，科学技術・医学（STM）の蔵書に対する新しいインターフェイスの提供を開始する予定です。これは従量制サービスと付加価値のついた購読サービスを組み合わせることによって，より多くの人々にBLの蔵書を利用可能にすることを目標としたものです。将来的には他の蔵書や文献も含まれることになるでしょう。

図書館が情報提供の最前線に留まるためには，近代化された運営，新たな送付手段，新しいインターフェイスだけでは不十分です。将来の発展を導く一貫したビジョンと戦略が必要なのです。

スライド20ービジョンと戦略

我々のドキュメント・デリバリー戦略が図書館の包括的なビジョンに合致したものであることについては，既にお話ししました。ここでは，これが我々の事業にどのような意味をもつのかについて，さらに詳しく見てみたいと思います。我々は，可能な限り多くの人々に蔵書への迅速なアクセスを提供することを目指して，適切な技術とコンテンツ・パートナーを見出そうとしています。したがって，今後数か月間は，コンテンツと技術の両面でパートナーを見出し意思疎通を図っていくことで図書館の目標の達成を助け，将来の情報流通の連鎖の中で明確な役割を果たせるようにすることに重点を置く予定です。また，我々のサービスをより使いやすいものにすることを目指しており，図書館の蔵書への単一インターフェイスを導入することを考えています。また，綿密な市場調査を継続的に行って，顧客のニーズを満たし期待に応え続けようとしています。そして，我々は選ばれる図書館になることを目指しています。簡単なインターフェイスで蔵書のアクセス可能性を高めることで，産業の中で選ばれるパートナーとなりうると考えています。偏狭な見方かもしれませんが，BLは最後の砦として利用されることが多すぎる気がします。実際には我々は最大規模のSTM分野のコレクションを他のどの機関よりも速く市場に提供することができるのです。最後に，我々は効率性を追求し続けなければなりません。進展する技術を取り込み，業務をよりよく行う方法，例えば，最初からデジタル形式で作られた資料を電子的に送付することなどを考えていかなければなりません。

スライド21ー課題

スライド22ー我々は5年後にどうなっているか？

市場がいかに急速に変化しているかについては，既にお話ししました。変化の中には，従来の方式にとって脅威となるものもありますが，多くは新しい機会を提供するものです。したがって，2010年を見据えて我々がどうなっているのかを予測することはほぼ不可能でしょう。しかし，我々は進まなければなりません。実例として，BLの文献提供事業が5年前にどうであったか，現在はどうか，そして5年後にはどのようになっているか，その主要なところをいくつか示しておくと役に立つのではないかと思います。

5年前，すべての資料はその元々のフォーマット形式にかかわらず複写されたものか印刷物であり，ハードコピー，ファクシミリまたはArielによって送付されていました。送付には通常5日間かかっており，多くの顧客サービスチームが対応していました。

現在，すべての資料は電子的にスキャンされたものか直接ダウンロードできるものになっており，電子的形式で送付することができます。送付にかかる時間は通常 2 日となり，統合された顧客サービスチームを有するとともに，新たなインターフェイスを開発しているところです。

そして 5 年後にはどうなっているのでしょうか。資料の入手の点では，最初からデジタル形式で作成された資料を図書館で保有し，直接ダウンロードして入手することができるようになるでしょう。我々は，電子的形式で入手することができない資料に限りスキャンして保有することになるのです。送付にかかる時間は通常数時間となり，単一のインターフェイスができているのでしょうが，どのようなものになっているかはここでは言わないでおきましょう。

スライド23ー前進

講演を終えるにあたり，あらゆる変化が現在起こっていますが，情報産業にかかわるすべての人にとって，困難ながらもやりがいのある刺激的な時期であるということを言っておきたいと思います。この変化のペースは衰える兆しを見せておらず，逆にますます加速しています。研究コミュニティは拡大を続け，研究者の要求と期待は増え続けますが，これらのニーズを予測し，費用対効果が高くかつタイムリーな方法で応えることができる提供者が成功するというのが現実です。

文献提供者としてのBLの役割は変化しつつあり，今後も変化を続けるでしょう。私は，BLの発展は現在，一貫した方針に導かれていると確信しています。この方針によって，事業をどのように運営するかが規定され，資料をどのように送付し，顧客とどのようにかかわっていくかが規定されているのです。また，BLはこれまでにさまざまな進歩を見せてきましたが，まだまだやるべき仕事はたくさんあると感じております。特に，将来に向けて適切な連携協力の機会を見出していかなければならないでしょう。

本日，BLの代表としてこのような重要なセミナーに出席し，お話をさせていただく機会を私に与えてくれた館長に，改めて感謝します。皆さんが私の講演に興味を持ち，このあとの質疑応答の時間にいろいろな質問を頂けることを楽しみにしております。

ありがとうございました。

VISION AND STRATEGY: DOCUMENT SUPPLY IN THE DIGITAL AGE

BRITISH LIBRARY

Mat Pfleger
Head of Sales and Marketing
15 December 2004

AGENDA

BRITISH LIBRARY

The British Library and what we do

The changing market
- Users
- Players

How the BL is responding

Moving forward

Questions

2

BRITISH LIBRARY

WHO ARE WE?

- Independent & well-established - trusted by over 20,000 customers in 130 countries for over 40 years
- Renowned for the speed, quality, value and flexibility of our services
- Our customers rely on the unrivalled integrity and expertise of our staff – 7800 man years of experience in total
- Renowned for ensuring complete copyright compliant solutions through trust-based relationships

Advancing knowledge to enrich lives

3

BRITISH LIBRARY

OUR COLLECTIONS

- One of the five largest research libraries in the world
- 250 years of collecting – across time, space, disciplines, languages, cultures, formats & materials
- 87.5 million items - books, serials, newspapers, microforms, grey literature, conference reports, philatelic, sound, manuscripts, graphic & electronic materials – <u>all held on site</u>
- A truly global collection – the diversity of our resources is unparalleled

One of the world's greatest knowledge resources

4

BRITISH LIBRARY

OUR BUSINESS

- The world's largest document supply service – in terms of volume and turnover
- £15m annual spend on developing our world-class collections - £10m of which is spent on STM
- Around £2m spent in 2003/04 on developing the technology supporting document supply
- 600 highly-skilled staff service document supply – and for key accounts, we provide a dedicated support team

Delivering the world's knowledge

5

BRITISH LIBRARY

AGENDA

The British Library and what we do

The changing market
- Users
- Players

How the BL is responding

Moving forward

Questions

6

BRITISH LIBRARY

INFORMATION HAS NEVER BEEN MORE ACCESSIBLE TO ALL

- **53% of UK adults have internet access at home (equivalent to around 13 million homes) vs. 9% (2.2 million in 1998**
- **The most popular websites are "portmanteau" portal sites that bring together lots of different subjects under one virtual roof (*Jupiter MMXI '02)***
- **There are currently 1374 open access journals freely accessible online – and the total is growing all the time**
- **Each year, the world produces the equivalent of 250 megabytes of unique information for every person on earth**

7

BRITISH LIBRARY

CHANGING CUSTOMER EXPECTATIONS - DRIVERS

Technology

\+

Consumer revolution

amazon.co.uk

lastminute.com

napster.

first direct

Member HSBC Group

\+

Web resource discovery

Google

\+

Different publishing models

BioMed Central

The Open Access Publisher

PLoS PUBLIC LIBRARY of SCIENCE

Expectations of document delivery products & services rising dramatically

8

BRITISH LIBRARY

CHANGING CUSTOMER EXPECTATIONS

INSTANT ACCESS

- **3-click research community**
- **Transparent costs**
- **Free and Fee based content**
- **Desktop access no geographical limitations**
- **Single interface – common language**
- **Workflow integration**
- **Immediate access**

9

BRITISH LIBRARY

CHANGING RESEARCHER NEEDS

WHICH ARE THE TOP 3 MOST RELIABLE ONLINE SCIENTIFIC SERVICES?

Librarians **Scientists**

ISI's Web of Science

Pubmed

Medline

Google

ScienceDirect

Yahoo!

10

BRITISH LIBRARY

AGENDA

The British Library and what we do

The changing market
- Users
- Influences and Players

How the BL is responding

Moving forward

Questions

11

BRITISH LIBRARY

CHANGING EXTERNAL MARKETPLACE

Copyright legislation

- Oct 2003
- Commercial users faced large increases in document supply charges
- Commercial researchers much more selective
- Impact on demand in short-term

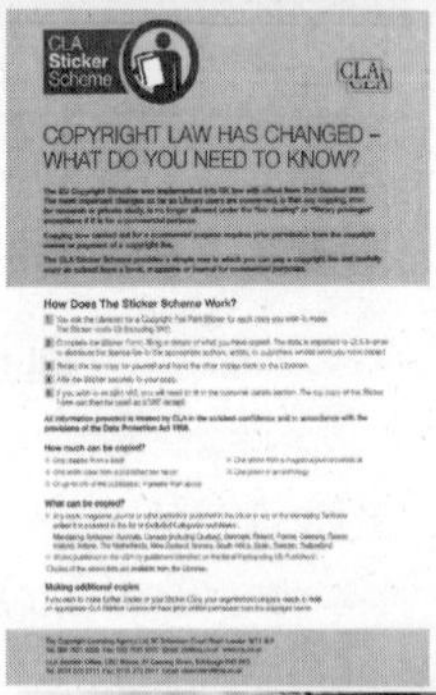

Open Access

"Journals are at the heart of the scientific process. Researchers, teachers and students must have easy access to scientific publications at a fair price. Scientific journals need to maintain their credibility and integrity as they move into the age of e-publication.."

Dr Ian Gibson MP
Chairman, House of Commons Science & Technology Committee

12

BRITISH LIBRARY

CHANGING EXTERNAL MARKETPLACE

Publisher Big Deals

Publisher PAYG models

Publisher Archives

Internet access & e-delivery

More competition (Super Aggregators)

13

BRITISH LIBRARY

WHAT DOES ALL THIS MEAN FOR THE BL?

Fundamental strategic questions

- How can we best serve the needs of the digitally savvy 'Google generation'?
- Where should we focus in the information value chain?
- How can libraries provide effective stewardship of both digital and physical collections?
- What is our role in non-traditional information types?
- How are publishing and IP regimes changing, and how should we respond?
- Who could we be usefully collaborate with to present coherent collections and create innovative products and services for content delivery?

14

BRITISH LIBRARY

AGENDA

- The British Library and what we do
- The changing market
  - Users
  - Players
- How the BL is responding
- Moving forward
- Questions

15

BRITISH LIBRARY

HOW ARE WE RESPONDING?

Developing a clear vision and strategy for the next 5 years

- Provide "ready access" to widest audience
- Become easier to do business with
- Become a library of choice
- Become more efficient

Modernising our operation

- Best practice-driven BPR programme
- Enhancing our understanding of the market
- Restructuring our organisation
- Changing our culture

Enhancing our service offering

- All material can be delivered electronically - regardless of original format
- 3000 titles available for immediate download
- Articles can be delivered directly to the end-user or to an intermediary – electronically
- Over 80% of orders are delivered within 24 hours

Enhancing accessibility

- Simplify our document supply interfaces (Portal)
- Range of access options for all types of researcher
- Clear pricing (PAYG and Value Added)
- Single customer service approach

16

BRITISH LIBRARY

MODERNISATION PROGRAMME – PHASE 1

- 200 photocopiers
- Standard turnaround time of 2 - 5 days
- Paper, fax or Ariel delivery

£1.7m investment →

- 150 high-quality scanners
- Standard turnaround time has improved significantly
- Secure electronic delivery

17

BRITISH LIBRARY

ENHANCING OUR SERVICE - SECURE ELECTRONIC DELIVERY – PHASE 2

Why did we need it?

- Widespread publisher concern that 'e' delivery would lead to large-scale copyright abuse
- Without secure delivery, paper delivery remained the most secure approach, but didn't meet researchers' needs

Why developed jointly?

- Needed to have a solution that both the doc del players and the large publishers bought into
- Needed a single, credible, standard – researchers won't use multiple plug-ins

Partners involved?

- British Library, ALPSP, Elsevier and Adobe – with involvement of key customers/ users as the product was developed

18

WHAT WE DEVELOPED

RESEARCHER

SEARCH/ PLACE ORDER →

← **DOCUMENT**

SECURE PDF

BRITISH LIBRARY DOCUMENT SUPPLY HOLDINGS

- Access to the world's largest journal holdings, covering over 6,000 publishers, multiple subjects, languages and publishing formats
- Easy searching and automated ordering on 'Inside' service
- Current awareness and alerting

19

ACCESSIBILITY – PHASES 3 AND 4

- **New interface in 2005**
- **Wider accessibility**
- **Single Customer Service**
- **STM day 1**

Linked to →

- **Content Partners**
- **Technology Partners**
- **Clear role in future information chain**

20

BRITISH LIBRARY

VISION AND STRATEGY

Provide "ready access" to widest audience

- Identify technology and content partners
- Provide direct and partner based access

Become easier to do business with

- Single interface to the British Library
- Must meet new researcher expectations

Become a library of choice

- "Ready access" and simple interfaces will enable the Library to become a partner of choice. Too often we are used as a last resort when in fact we can deliver the largest aggregated collection of STM research faster to market than anyone else.

Become more efficient

- Continue technology evolution
- Speed and access to market
- Deliver from borne digital where available

21

BRITISH LIBRARY

AGENDA

The British Library and what we do

The changing market
- Users
- Players

How the BL is responding

Moving forward

Questions

22

BRITISH LIBRARY

WHERE WILL WE BE IN 5 YEARS' TIME?

5 years ago…

- All material photocopied/printed, regardless of original format
- All material delivered in hard copy, fax or Ariel
- 5-day standard turnaround time

→

Today…

- All material scanned, or available through immediate download
- All material can be delivered electronically
- 2-day* standard turnaround time
- Integrated catalogue for enhanced resource discovery
- Integrated customer services
- Easier navigation through new interface (in progress)

→

In 5 years' time…

- Born digital/Scanned
- All material can be delivered electronically
- Hours vs. days standard turnaround time
- Single interface
- Integrated customer services
- Content and technology partners

23

BRITISH LIBRARY

MOVING FORWARD

24

ドイツの図書館サービスの最新動向
―subito（スビト）とvascoda（ヴァスコーダ）―

Current trends in German library services: subito and vascoda

ウーヴェ・ローゼマン
（ハノーバー大学図書館 / 情報技術図書館長）

Uwe Rosemann

Director of the German National Library of Science and Technology /
University Library Hannover
Hannover, Germany

私はこの講演で，まず，ドキュメント・デリバリー・サービス「スビト（subito)」と著作権関連の問題についてお話します。次に，「ヴァスコーダ（vascoda)」を皆さんに紹介します。vascodaはドイツの電子図書館に関する国家プロジェクトです。

subitoは，ドキュメント・デリバリーの分野において，この数年で最も興味深い事例であり，また成功した事例であることは間違いありません。subitoは，今日において五指に入るドキュメント・デリバリー・サービスとしての地位を確立しており，瞬く間に国際舞台において認められる存在になりました。

この講演では次のような基本的なトピックを取り上げます。

- subitoとは何か？
- どのようなサービスを提供しているか？
- 組織はどのようになっているか？
- どのような成果を達成したか？
- subitoの法的基盤はどのようなものか？

まず，subitoとは何か？からお話します。

subitoは完全にインターネット・ベースでのサービスです。お客様はオンラインで雑誌記事を注文したり，図書を借りたりすることにsubitoを使うことができます。そのために，subitoは検索と注文のための１つのアクセスポイントと，図書館群による分散化されたドキュメント・デリバリー・システムを提供します。

配送手順もよく作り上げられています。一般的には，subitoの提供館は記事のコピーを画像ファイル（PDF ファイル）として作成します。そして，そのコピーを電子メールに添付して，あるいはFTPを通して送付するか，または郵送，ファックスなど伝統的な配送手段で提供します。お客様は配送手段を選ぶことができます。

図書は郵送で受け取ります。図書は4週間の貸出期間の後に返却しなければなりません。

33の図書館が現在，subitoの提供館として活動しており，デリバリー・サービスに責任をもっています。これらの図書館は検索・注文のシステムを通して自分たちの資源を提供しています。

記事を検索・注文するために，subitoは雑誌目録（約100万タイトル）と記事目録（1,200万を超える記事数）を提供しています。7千万点以上の図書を収録した図書館目録ネットワークは図書および学位論文を検索・注文するのに利用可能です。どの機能も電子フォーマットで提供されます。

このスクリーンは，”Biopolymers”の例を示しています。複数の図書館の所蔵が示されており，どの図書館が論文の注文を受けるべきかを利用者が決めることができます。

提供館を選んだ後，利用者は注文フォームに記入し，いずれかのsubitoのサービスを選択して注文フォームを送信しなければなりません。

subitoはどのようなサービスを提供するのでしょうか？

subitoは2つのタイプのサービスを提供します。
- ダイレクト・エンドユーザー向けサービス
- subito図書館向けサービス（subito Library Service）

これら 2 つの提供サービスは，サービスの内容，値段が異なっていますし，送付先によって変わります。エンドユーザー向けサービスは，ドイツ，オーストリア，スイスに送付先アドレスを持つお客様にのみ提供されます。公的資金が投入された図書館であれば，世界のどこであれ，subito 図書館向けサービスを使うことができます。このような制限がある理由は，subito と出版社の間で法律解釈の違いがあるからです。この点は後ほど触れます。

品質と結果は，サービスの種類によって決まります。利用者に対して，subito は通常サービス（72時間以内）と特急サービス（24時間以内）を提供しています。注文が満たされない場合には，お客様は電子メールによって処理時間内に通知されます。または，追跡システムをオンラインで利用することもできます。

subito を立ち上げた時，エンドユーザー向けサービスは次のような局面にありました。大学および研究機関における学生・教職員は素早く文献を手に入れなければなりません。また，これらの方面の利用者は，高価な商業的ドキュメント・デリバリー・サービスを利用するだけの財務状態ではないのです。

このような政策的目標を考慮して，subito は異なる料金でサービスを提供する 3 つのユーザー・グループを設定しています。

- ユーザー・グループ 1 には，学校の生徒，実習生，学生，大学教職員等が含まれます。価格は低く，サービスにかかるすべての費用をまかなっていません。
- ユーザー・グループ 2 には，企業の図書館，自営業，その他の商業利用者が含まれます。ユーザー・グループ 2 と全ての特急サービスの料金はそれぞれ異なります。これらの場合，料金は subito 提供館によって判断されます。もちろん，これはマーケティングの観点からはあまりよい戦略ではありません。しかし，現在までのところ，すべての参加館の同意が得られていません。
- ユーザー・グループ 3 は，個人の利用者です。

全ての料金には，ダイレクト・ドキュメント・デリバリー・サービスに対する著作権料が含まれています。

今度は，図書館向けサービスの状況についてみてみましょう。

subito 図書館向けサービスは，学術図書館が利用者の要求に応えられるように援助するものです。このサービスは，相互貸借とドキュメント・デリバリーに関する国内および国際的な規則，ガイドラインに則って立ち上げられました。subito 図書館向けサービスは subito 提供館（supplier library）と注文館（ordering library）の間で法的関係を結ぶと考えます。この法的関係が貸出処理の基礎を形づくるのです。

図書館向けサービスの基礎は次のようになっています。

- 図書館が subito の登録利用者である
- 注文が図書館の資格あるスタッフによってなされる。
- 配送は図書館に対してなされる。
- 注文館は図書館利用者に文献を届ける責任を負う。しかし図書館は学術機関の利用者にのみ提供できることに注意する。
- 図書館が請求額を支払う。

顧客である図書館の利点は，図書館利用者との直接的な関係を維持しつつ，同時に subito によって安価なサービスを利用できるところにあります。

subito 図書館向けサービスの条件を満たした全ての図書館は subito のホームページでオンライン登録します。ただ，利用者 ID とパスワードについては，顧客プロフィールを subito 事務局のスタッフが確認してから一度だけ割り当てられます。

subito 図書館向けサービスは，最大 72 時間以内の処理時間を要する通常サービスのみ提供しています。特急サービスは提供していません。subito 図書館向けサービスは標準的な ILL の様式に従って運営されていまして，著作権料はこのサービスには適用されません。subito 図書館向けサービスでは，注文館は，注文館と図書館利用者との間の料金決済に関する責任を単独で負っています。

決済システムについて少しコメントしておきたいと思います。お客様には，ひと月に 1 度，支払いリストが作られます。支払いリストには，各参加提供館からの個々の明細付き請求書全てが含まれています。支払いリストは，郵送か電子メールで発送されます。それは利用者の選択によります。支払いは，銀行振込，クレジットカード，預金，小切手，現金によって行うことができます。

subito の紹介が終わったところで，いくつか関係した疑問についてお答えしましょう。

subito はどのように組織されているのでしょうか？

subito を発足させることは，もともとは連邦教育研究省と州政府との間による，情報および文献の供給を加速させるためのいわゆる全国－地方イニシアチブの目標でした。

1997 年に subito がうまく走り始めた後，全国－地方イニシアチブは 1999 年に解消し，subito は独立した組織に生まれ変わりました。1999 年 12 月，subito 組合（subito -Association）はコンソーシアムとして発足しました。subito は組合組織（civil law partnership）として設立されたのです。

個人負債を負うリスクを取り除くことと税制上の優遇措置から，subito 協会の参加館は組織の基礎を変更することに納得しました。2002 年の 12 月 27 日，非営利組織「subito－図書館からの文献」，つまり subito 協会（subito Society）が登記されました。

現在，33 図書館が subito 協会に責任を負っています。

- ドイツの 30 図書館
- オーストリアの 2 つの中央専門図書館
- スイスの 1 つの大学図書館

参加館の権利と義務，年次総会の課題，運営委員会，その他全ての規則については，定款で規定されています。

事業は，理事長と事務局によって運営されています。事務局はベルリンにあり，6 名のスタッフを置いています。subito は，事務局の維持経費を負担して，インターネット・ポータル，料金請求，マーケティングの開発・運用に関する責任を担わせています。

全ての参加館は，年次会費と全ての完了した注文に対する手数料を支払います。

連邦教育研究省は 6 年を限度として立ち上げのための財政計画に助成しました。2006 年以降は，subito は自活していかなければならず，ドキュメント・サプライヤーの国際的競争の中で成功している事業だと主張できなければなりません。連邦教育研究省による財政支援の逓減は，subito が事業運営を成功させることを仮定に置いています。2000 年には，財政支援が全予算の 82%でしたが，今年はおよそ 36%になり，2005 年にはたった 15%になるでしょう。この期待される subito の事業の成功は，2006 年からは政府の支援なしでも運営が可能であることを意味します。

subito はどのような実績をあげたのでしょうか？

図を見ていただければわかるように，subito の人気はいまも上がり続けています。

1998 年に，10 万 1,000 件の注文で始まりました。
2003 年には，注文は 117 万 7,000 件以上にものぼりました。

2003 年の注文の内訳は，51%（60 万 4,036 件）がドイツ国内から，49%（57 万 2,964 件）が海外からでした。

ユーザーグループの分布はさらに興味深いものです。

- 49%（57 万 3,317 件）は，学術界のユーザーからでした。
- 23%（27 万 7,066 件）は，商業利用者あるいは個人からの利用でした。

・ 28%（32 万 6,617 件）は，図書館からでした。

さて，おそらくもっとも関心があるだろう問題に移りましょう。

subito の法的基盤は何でしょうか？

法的基盤は，ドイツ国内のエンドユーザーに対するのと，subito 図書館向けサービスでは異なります。エンドユーザー向けサービスはドイツ連邦著作権法第 53 条によって提供が可能です。第 53 条は作品のコピーを 1 部作成することを次の条件の下，許可しています。

・ 私的利用のために
・ 個人の学術的利用のために
・ その他個人的に利用するために

第 53 条は，公認の機関あるいはグループを通じて，コピーの作成を第三者へ委任することも認めています。

言い換えれば，subito の利用者は subito 提供館に，新聞や雑誌から記事を 1 部コピーするのを委託してもかまいません。そのコピーは個人的目的にのみ利用してよいのであって，それを頒布したり公的なコミュニケーションのために利用したりしてはいけません。つまり，subito の利用者は著作権を遵守する個人的責任を負うのです。

著作権法第 53 条は一連の例外規定・制限規定の中に含まれていまして，専ら公共の利益に資するための規定です。通常，権利保有者への支払い義務はこの例外規定の適用によって規定されています。

支払い義務が，例外規定に規定された団体と権利保有者の間での交渉課題になることを防ぐために，著作権クリアリングハウスが導入されました。クリアリングハウスには，標準的なレートのリストを提示することが義務付けられています。図書館等の特定の利害グループに対して，割引レートを設けることが許されています。

例外は，コピーの直接的提供に対する著作権料です。料金は図書館と著作権クリアリングハウスの間で直接決められます。私たちの場合，全ての subito の料金は，著作権料を含んだ最終的な価格です。著作権料の分配は，ドイツにある著作権クリアリングハウス VG Wort の責任です。著作権料は，著作者と出版社に等分されて分配されます。外国の著作者や出版社の場合，著作者や出版社が拠点を置く国の関連法人を通して分配されます。subito

図書館向けサービスでは，国内・国際相互貸借ともに，短い記事や文献は，印刷物のコピーが送られます。なぜなら，著作権規則で認められる範囲内であるためには，コピーの形態で提供されなければならないと明確に規定されているからです。

subito 図書館向けサービスを利用するには，subito 協会と注文館がともに，専ら，適切な著作権規則の範囲内で，subito 図書館向けサービスを運用することに特に気をつけなければなりません。したがって，subito 図書館向けサービスによる注文が認められるのは，注文館と図書館利用者側に適用される法規則において subito 図書館向けサービスの利用が許されている場合に限られるのです。

subito 図書館向けサービスによる注文は，提供館がコピーを作成し送付することが許されているかどうか，また図書館利用者がコピーを受け取って利用することが許されているかどうかを，注文館が個々のケースごとに判断してはじめて行うことができます。また，技術的フォーマット（例えば，郵送かファックス，電子メール，FTP）に関して何らかの制約があるかどうかにも左右されるでしょう。商業ユーザー・グループに属する図書館利用者には，図書館向けサービスの提供は許可されていません。

現在，私たちは著作権法の文脈の中で様々なレベルで数多くの活動を行っています。

- 来年には，ドイツ著作権法は改正されるでしょう。一方で出版社側が，他方で科学者や図書館員たちがこの立法のプロセスに働きかけています。主要な論点はこうです。印刷物の記事の PDF によるコピーはどのような条件のもとで合法でしょうか？　おそらく，新法はこう言うでしょう。出版社自身が同じようなドキュメント・デリバリー・サービスを提供していないなら，PDF によるコピーは合法だと。
- ドイツでは，著名な STM 出版社が subito に反対する訴訟を起こしています。この法的手続きは確実に数年は続きますが，法的基盤を原則として変えないでも勝てるだろうと私たちはとても楽観的に思っています。
- 他方で，同じ STM 出版社と，海外のエンドユーザーへのデリバリーについての交渉を subito は行っています。この交渉は来月には終了し，subito は世界中のエンドユーザーへ文献デリバリーを再開するでしょう。むろん，これらのサービスは出版社へのライセンス料支払いのために値上がりはするでしょうが。状況が非常に複雑であることがおわかりいただけたかと思います。

みなさん，これで subito についての講演は終わりました。

ここからは，ドイツの新しい国家プロジェクト，vascoda について少しご紹介したいと思います。vascodaは2003年8月からオンラインで始めた学術情報の新しいポータルです。あらゆる分野の科学への集中したアクセスポイントになるでしょう。すでにA＝アングローアメリカン文化（Anglo-American Culture）からW＝木材工学（Wood-Technology）に及ぶ主題へのアクセスを提供しています。ただ，いまのところ，すべての主題分野をカバーしているわけではありません。ポータルは，将来的には，複合的なナビゲーションやブラウジングとともに，学際的な検索も可能にします。全てのタイプの文献にアクセス可能です。無料かもしくはペイ・パー・ヴュー（pay-per-view）で，デジタル化された資料，印刷物の資料，デジタル形式で作成された資料が利用可能です。

vascodaは，フルテキスト，リンク集，書誌データベースやその他のデータベース，主題に特化したサーチエンジンなどへのアクセスを提供します。さらに，ポータルはドイツ電子図書館（German Digital Library）を形成する際の中核でもあります。ドイツ電子図書館は，将来的には，科学者，学生，質の高い情報に興味を持つ全ての人たちに対して，あらゆる研究のための集中的なアクセスを提供するでしょう。

vascoda の背景にある理念は，質の高い情報へのアクセスを促進することにあります。Google を使った検索では，学術的あるいは高水準の研究に有用なものにヒットするとともに，何百万もの使えないリンクにもヒットしてしまいますが，この新しいポータルはただ質の高い資料のみをインデックス化する予定です。このことによって，利用者はさらに速く情報を見つけることができ，また自分が捜し求めていた情報を正確に見つけることができるのです。

ドイツにおける主題情報へのもっとも重要な2つのスポンサー，連邦教育研究省（BMBF）とドイツ研究振興会（DFG）はともに，このポータルを実現させるべく働いています。2つ以上の競合するアクセスポイントを支援するよりも，1つの統合ポータルから利益が得られるように。

40 以上のドイツの機関（と国際的な協力パートナー）は，全ての学術情報への真のワンストップ・ショップを提供するべく協働しています。このプロジェクトのパートナーは，図書館や情報センター，その他質の高い学術情報を提供する機関です。

対象とするユーザー・グループは高等教育および学術研究コミュニティ，大規模なビジネス界・産業界で働く研究者，その他の質の高い情報に関心のある人々です。

ほとんど全てのものがGoogleや他の検索エンジンで発見可能だと広く信じられています。2000年のドイツでの調査によれば，学生の64%は情報を捜すのに検索エンジンを使っており，たった 5%しか特定主題の情報ゲートウェイを使っていませんでした。情報専門家は，検索エンジンが包括的な調査には効果的な意味を持たないことを知っています。なぜなら，いわゆる隠れたウェブ，ディープ・ウェブというのは Google などにはインデックス化されませんし，高度に専門的なデータベースの方がいまだにウェブサイトの膨大なインデックスよりもよいサービスを提供できるからです。しかし，標準的な利用者はインターネットを通して利用可能な別の検索オプションがあることをよくは知りません。

このような時に, vascoda による検索ではいくつもの異なるデータベースへのメタ検索を行います。

vascoda のメイン・ポータルでの検索は，複数の主題分野からの検索結果を利用者に提示するでしょう。スクリーンで，メイン検索と主題ナビゲーションのためのゲートウェイをご覧ください。

検索が上手くいけば，検索結果は主題あるいは提供者順によって並び替えられます。近い将来，知的検索エンジン技術はもっと多くのコンテンツを検索対象に含め，検索結果をランキング付けたり構造化するのを簡単にするでしょう。

もし，検索によって現れた結果がインターネット資源であれば，利用者はリンクをクリックして，欲しい情報を入手することができます。

しかし，もし情報が図書や雑誌の記事であったら，利用者はどのようにその資料にアクセスできるかについての情報が必要になります。電子ジャーナルの記事であれば，ドイツの図書館でのライセンス情報を全て持つ，電子ジャーナル図書館（EZB）と呼ばれる集中型データベースがあります。

印刷体の記事であれば，文献は subito を通じて注文することができます。

個々の主題ポータルはそれぞれの主題分野の豊富な情報を提供します。このレベルで，文献の検索とフルテキスト・デリバリーが統合されなければなりません。現段階では，個々の仮想図書館の多くは，コレクションごとに検索を行わなければなりません。長期的には，異なるデータ・コレクションを同時に検索できる検索エンジンを提供することが目標です。

主題ポータルのひとつの事例として，医学とその関連科学についてのポータル MedPilot があります。ここから 35 の様々なデータベースに対して同時検索を行うことができます。これらのデータベースの半数以上は無料で使うことができます。ここでは，15 の自由に利用できるデータベースが事前に選択されていて，そこから利用者は自らに適切なデータベースを選ぶことができます。MedPilot はすでにいくつかの出版物について，その利用可能性がチェックできるようになっています。

他の主題に基づいた仮想専門図書館（Virtual Libraries）も主題に特化した豊富なデータベースとサービスへのアクセスを提供していますが，その多くはまだメタ検索の対象にはなっていません。その事例としては，ビジネスと経済学に関する仮想専門図書館 EconBiz があります。ウェブサイトを通して，利用者は質の高いインターネット資源，図書館目録，フルテキスト・データベース，ヘルプデスクのような様々なサービス，また近い将来にはオンライン・レファレンスもオプションとして受けることができます。

最後の事例は私自身のところの図書館のポータルです。工学に関する仮想専門図書館でも同様のサービスを提供しています。TIB と FIZ Technik によって運営されており，技術データベースのホストになっています。両機関ともに，特定企業のためのカスタマイズされたサービスというコンセプトをつくろうとしています。そうしたデータベースとフルテキスト情報は特定産業において必要とされており，この図書館において統合されることになるでしょう。

最後にいくつかコメントしたいと思います。

将来，知的検索エンジン技術の実装によって，vascoda のサービスはいろいろな意味で改善されるでしょう。利用者へのサービスは早くなり，検索オプションも多くなり，サービスのオプションも増えるでしょう。さらに重要なことは，vascoda をバックグラウンド・サービスとして利用することも可能だということでしょう。そのことによって，利用可能なコンテンツに対するシームレスなナビゲーションを行うことができるでしょう。利用者は地元の図書館から検索を始めることができ，vascoda はそれぞれの地域で利用できるコンテンツの格差を埋めるのです。

別の重要だけれども難しいポイントとしては，特別事業補助金が打ち切られた後にもサービスを続けていくだけの適切な組織体制を見つけ出す必要があるということです。特殊にドイツだけの問題なのかもしれませんが，私の国ではこのように多くの図書館，提供者，研究機関などが自主的に協働していくことは簡単なことではないのです。

subito および vascoda が成功するよう願っています。
ご清聴ありがとうございました。

"Current trends in German library services: subito and vascoda"

TIB | TECHNISCHE INFORMATIONSBIBLIOTHEK

Kyoto, December 15th 2004

1

- ✓ What is subito?
- ✓ Which services does subito offer?
- ✓ How is subito organized?
- ✓ What working results has subito achieved?
- ✓ What is the legal basis for subito?

2

subito – delivers journal articles and books from libraries straight to your door

3

Deliveries are possible

⇨ **electronically via email or ftp**

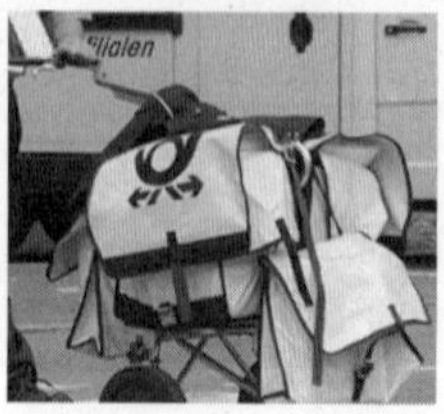

⇨ **post and fax**

4

subito provides as a search basis:

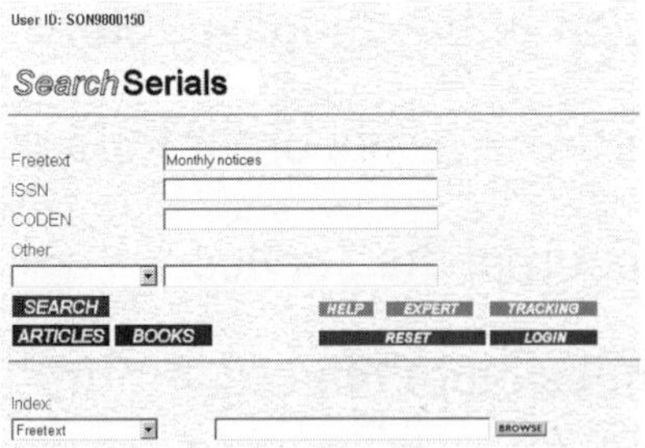

⇨ subito serials catalogue with 1 million titles

⇨ subito articles catalogue with 12 million articles

⇨ subito book catalogues with a total of 70 million books

and the relevant holding locations of 33 supplier libraries

5

Neue Suche Anzeige: Standard Vollanzeige Bestand: ZDB

Zeitschriftentitel: Biopolymers
Erscheinungsort: Hoboken, NJ
Verleger: Wiley
Erscheinungsverlauf: 1.1963 -
ISSN: 0006-3525
Bibliographischer Hinweis: Darin aufgeg. ---> Biospectroscopy ND: 1302703
Dokumentennummer: 1123

⇨ bibliographical data of title

Bestandsanzeige:

Bibliothek Kurzbez.	* Bibliothek Sigel	* SUBITO-Bestellung	* Bestandsangabe
ETH-Bib Zürich	ETHZ	Bestellung	1 (1963)-
UB Braunschweig	84	Bestellung	1.1963 - 3.1965; 13.1974 - 19.1980
UB Karlsruhe	90	Bestellung	10.1971 - 44.1997
UB Kaiserslautern	386	Bestellung	1.1963 - 22.1983
BSB München	12	Bestellung	1.1963 -
SULB Saarbrücken	291	Bestellung	7.1969 - 33.1993
UB Konstanz	352	Bestellung	1.1963 - 40.1996
UB Konstanz	352	Bestellung	- Suppl. zu 25.1986
MH Hannover	354	Bestellung	5.1967 - 30.1990
MH Hannover	354	Bestellung	- SUPPL. ZU 25.986
TIB Hannover	89	Bestellung	1.1963 -
STUB / SeB Frankfurt	F1	Bestellung	12.1973 - 33.1993
STUB / SeB Frankfurt	F1	Bestellung	Suppl. zu 25.1986
OeZB Medizin Wien	ZBMED100	Bestellung	6.1968-15.1976

⇨ holding locations

6

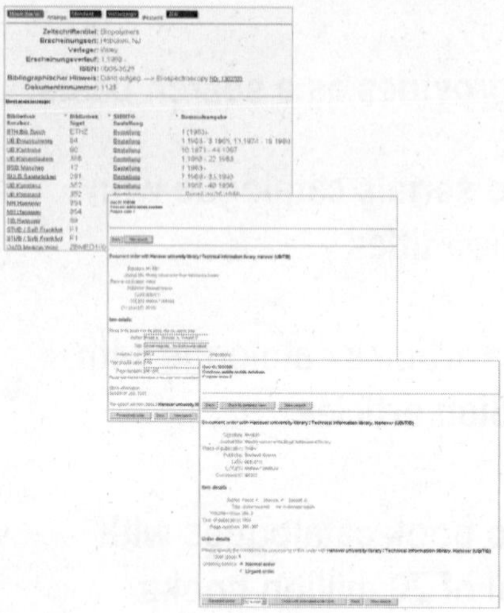

The order procedure is divided into

⇨ **selction of the supplier library**

⇨ **completion of the order form**

⇨ **selection of the service**

⇨ **submission of the order form**

7

✓ **What is subito?**

✓ **Which services does subito offer?**

✓ **How is subito organized?**

✓ **What working results has subito achieved?**

✓ **What is the legal basis for subito?**

8

subito offers 2 types of services:

⇨ direct enduser-oriented service

⇨ subito Library Service

9

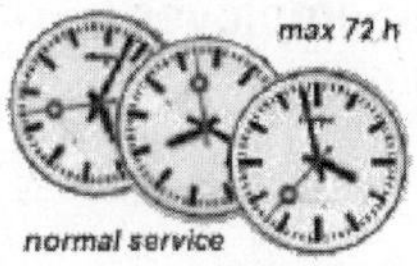

Electronic deliveries will be in the inbox within

⇨ 72 hours at the latest by using the normal service.

⇨ less than 24 hours by using the express service.

10

User group 1:

School pupils, trainees, students, employees of colleges of higher education, employees of research institutions financed primarily by public funds, employees of legal representatives of public law

Prices in the normal service:

Electronic delivery:	4.00 €
Post:	6.00 €
Fax:	7.00 €
Books:	8.00 €

All prices include royalty fee

11

User group 2:

Company libraries, self-employed and other commercial users

Prices in the normal and express service

The definition of the prices remains at the discretion of the subito suppliers.

All prices include royalty fee

12

User group 3:
Private individuals

Prices in the normal service:

Electronic delivery:	6.50 €
Post:	8.00 €
Fax:	9.00 €
Books:	8.00 €

All prices include royalty fee

13

Cornerstones of library service are:

The library
- ⇨ is a customer of subito
- ⇨ places orders for its users
- ⇨ receives the delivery
- ⇨ delivery of the documents to the library users
- ⇨ pays the bill

14

The following types of libraries can take part in the library service:

- ⇨ National libraries
- ⇨ State libraries
- ⇨ University libraries
- ⇨ Regional libraries
- ⇨ College libraries
- ⇨ Public libraries
- ⇨ Specialist libraries (supported by public funds)

The libraries should have authorization to take part in international lending transactions.

15

subito library service

Prices in the normal service:

Electronic delivery:	5.00 €
Post:	7.00 €
Fax:	8.00 €

16

subito Library Delivery Service

University of Vega Library
Library of Medicine and Health Sciences
attention Mrs. Jenny Miller
P.O. 12346

N - 0333 Vega
NORWAY

subito-Association
Central regulation
Kurt-Schumacher-Damm 12
D – 13405 Berlin
info@subito-doc.de

(please always indicate with payment)

Reference No.: C2002-54321
Customer No.: HSL1234 5678/ subito AG / 1
Dated: 3/12/2002

List of payment — *Your cost centre* — *Your subito supplier no.* — *Page 1 of 2*

C2002-54321

Amount

Universitätsbibliothek der TU Braunschweig, D-38106 Braunschweig, Pockelsstr. 13
invoice

SUBITO:…	3,58 EUR
SUBITO:…	4,40 EUR
SUBITO:…	3,68 EUR
SUBITO:…	4,50 EUR
SUBITO:…	4,10 EUR
SUBITO:…	4,90 EUR
Subtotal	25,16 EUR

Technische Informationsbibliothek Hannover, D-30167 Hannover, Welfengarten 1 B
invoice

SUBITO:…	8,00 EUR
Subtotal	8,00 EUR

Bank account
Swiss Post
Postfinance
CH-3030 Bern
SWIFT POFICHBE
account no. 91-624004-9

The payment invoice

- ⇨ is produced once a month
- ⇨ contains the individual invoice items of each participating library
- ⇨ can be dispatched by post or email

17

- ✓ What is subito?
- ✓ Which services does subito offer?
- ✓ **How is subito organized?**
- ✓ What working results has subito achieve
- ✓ What is the legal basis for subito?

18

Members of the organization „subito – documents from libraries“

19

subito Society: organization chart

General Meeting

30 libraries from Germany

2 central specialist libraries from Austria

1 university library from Switzerland

Executive Board

President:	Uwe Rosemann, director of the German National Library of Science and Technology (TIB) Hanover
1. Deputy president:	Dr. Klaus Franken, director of University Library Konstanz
2. Deputy president:	Prof. Dr. Bernd Hagenau, director of Saarland University and State Library Saarbruecken

Business office

Head :	Dr. Traute Braun-Gorgon
Staff:	6 employees

20

- ✓ What is subito?
- ✓ Which services does subito offer?
- ✓ How is subito organized?
- ✓ What working results has subito achieved?
- ✓ What is the legal basis for subito?

21

order volume 1998 - 2003

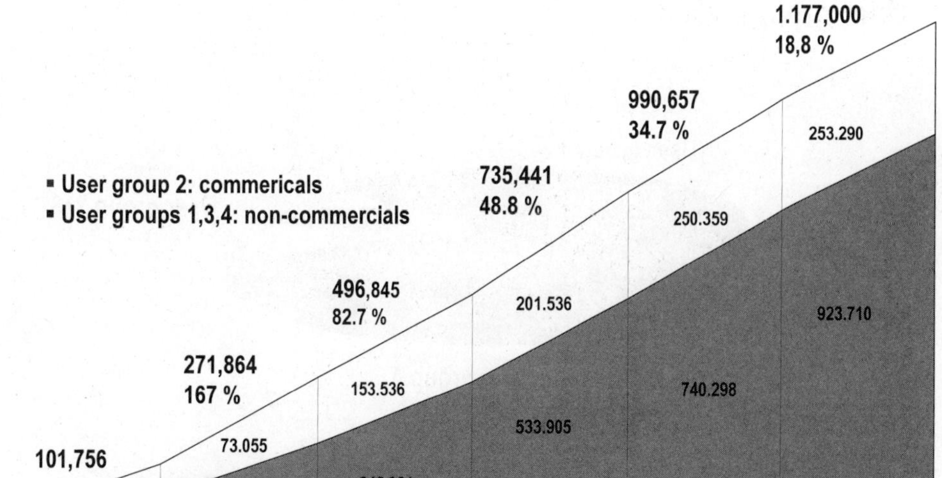

22

subito orders 2003

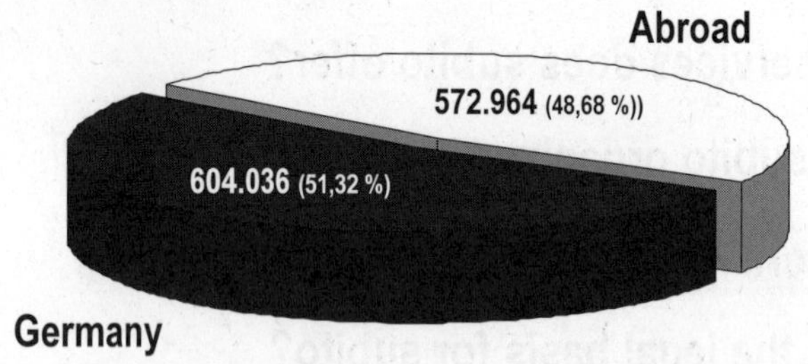

Total: 1.177.000 orders

23

User groups 2003

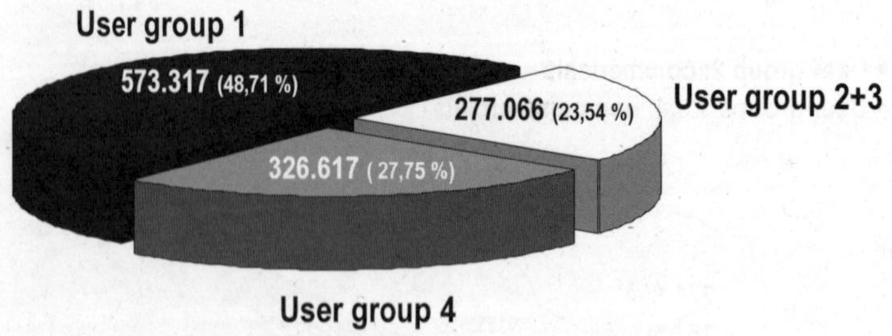

Total: 1.177.000 orders

24

✓ What is subito?

✓ Which services does subito offer?

✓ How is subito organized?

✓ What working results has subito achieved?

✓ What is the legal basis for subito?

25

Article 53 of the German Copyright Act permits

the production of single copies of a work

⇨ for private use

⇨ for personal scientific use

⇨ for other personal uses

the commissioning of a third party to produce duplications through an authorised group of persons or institutions

26

Verwertungsgesellschaft Wort

- ✓ Copyright clearinghouse
- ✓ Royalties for publishers and authors for end-user services
- ✓ No specific fees for ILL in Germany
- ✓ subito user is responsible for ensuring compliance with the copyright of his country

27

Developments in Germany

- ✓ Reform of copyright law
- ✓ Action of STM publisher against deliveries in Germany, Austria, Switherland
- ✓ Negotiations with STM-publishers on end-user services abroad

28

vascoda

Entdecke Information

Discover Information

The Portal for Academic Information Resources

http://www.vascoda.de

Introduction

- vascoda is a new portal for scientific information that went online in August 2003
- Central access point for all fields of science from Anglo-American Culture to Wood-Technology
- Allows interdisciplinary searches
- Offers access to all types of documents: born-digital as well as digitised and print materials can be obtained either free of charge or through pay-per-view options

30

vascoda offers access to...

- Full-texts
- Link-collections
- Bibliographic and other databases
- Subject-specific search engines
- And more

31

Sponsors

- BMBF
  (Federal Ministry for Education and Research)

Bundesministerium
für Bildung
und Forschung

- DFG
  (German Research Foundation)

DFG

32

Institutions

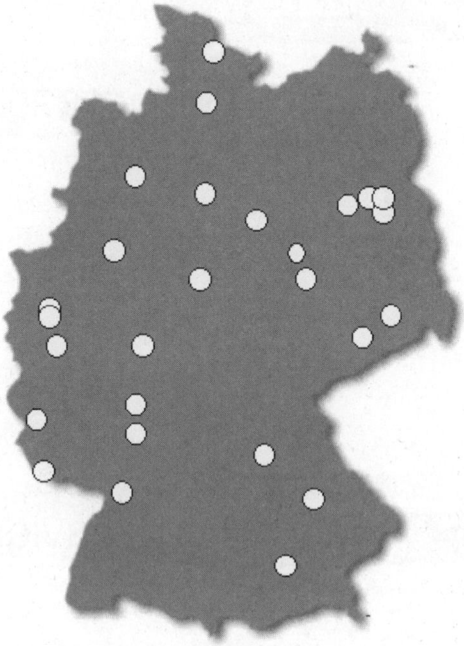

More than forty German institutions are working together to offer users an actual one-stop-shop for all scientific information.

33

Target User-Groups

- Higher education and academic research community
- Researchers working for large-scale businesses and industries
- Other people interested in high-quality information

34

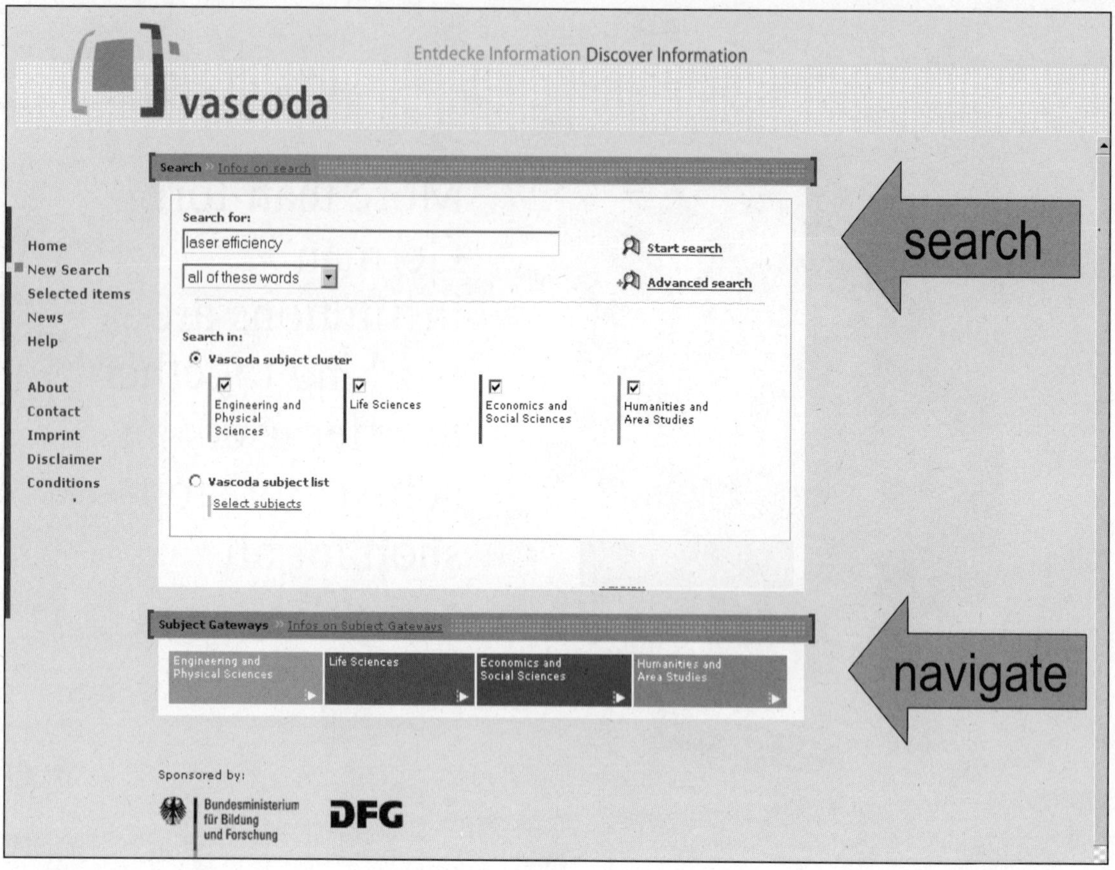
vascoda
Entdecke Information Discover Information
Search » Infos on search
Search for:
laser efficiency
all of these words
Start search
Advanced search
Search in:
Vascoda subject cluster
Engineering and Physical Sciences
Life Sciences
Economics and Social Sciences
Humanities and Area Studies
Vascoda subject list
Select subjects
Home
New Search
Selected items
News
Help
About
Contact
Imprint
Disclaimer
Conditions
Subject Gateways » Infos on Subject Gateways
Engineering and Physical Sciences
Life Sciences
Economics and Social Sciences
Humanities and Area Studies
Sponsored by:
Bundesministerium für Bildung und Forschung
DFG
search
navigate

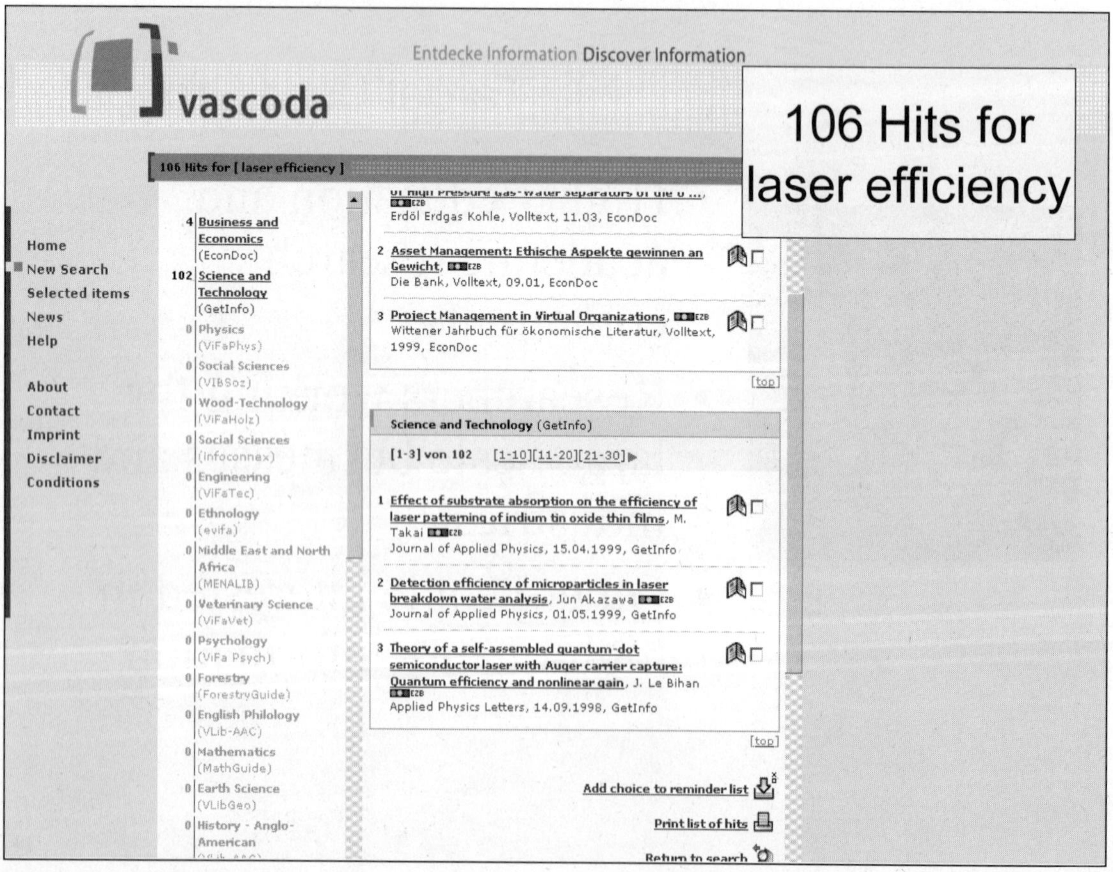
vascoda
Entdecke Information Discover Information
106 Hits for laser efficiency
106 Hits for [laser efficiency]
Home
New Search
Selected items
News
Help
About
Contact
Imprint
Disclaimer
Conditions
4 Business and Economics (EconDoc)
102 Science and Technology (GetInfo)
0 Physics (ViFaPhys)
0 Social Sciences (VIBSoz)
0 Wood-Technology (ViFaHolz)
0 Social Sciences (Infoconnex)
0 Engineering (ViFaTec)
0 Ethnology (evifa)
0 Middle East and North Africa (MENALIB)
0 Veterinary Science (ViFaVet)
0 Psychology (ViFa Psych)
0 Forestry (ForestryGuide)
0 English Philology (VLib-AAC)
0 Mathematics (MathGuide)
0 Earth Science (VLibGeo)
0 History - Anglo-American
Erdöl Erdgas Kohle, Volltext, 11.03, EconDoc
2 Asset Management: Ethische Aspekte gewinnen an Gewicht,
Die Bank, Volltext, 09.01, EconDoc
3 Project Management in Virtual Organizations,
Wittener Jahrbuch für ökonomische Literatur, Volltext, 1999, EconDoc
[top]
Science and Technology (GetInfo)
[1-3] von 102 [1-10][11-20][21-30]
1 Effect of substrate absorption on the efficiency of laser patterning of indium tin oxide thin films, M. Takai
Journal of Applied Physics, 15.04.1999, GetInfo
2 Detection efficiency of microparticles in laser breakdown water analysis, Jun Akazawa
Journal of Applied Physics, 01.05.1999, GetInfo
3 Theory of a self-assembled quantum-dot semiconductor laser with Auger carrier capture: Quantum efficiency and nonlinear gain, J. Le Bihan
Applied Physics Letters, 14.09.1998, GetInfo
[top]
Add choice to reminder list
Print list of hits
Return to search

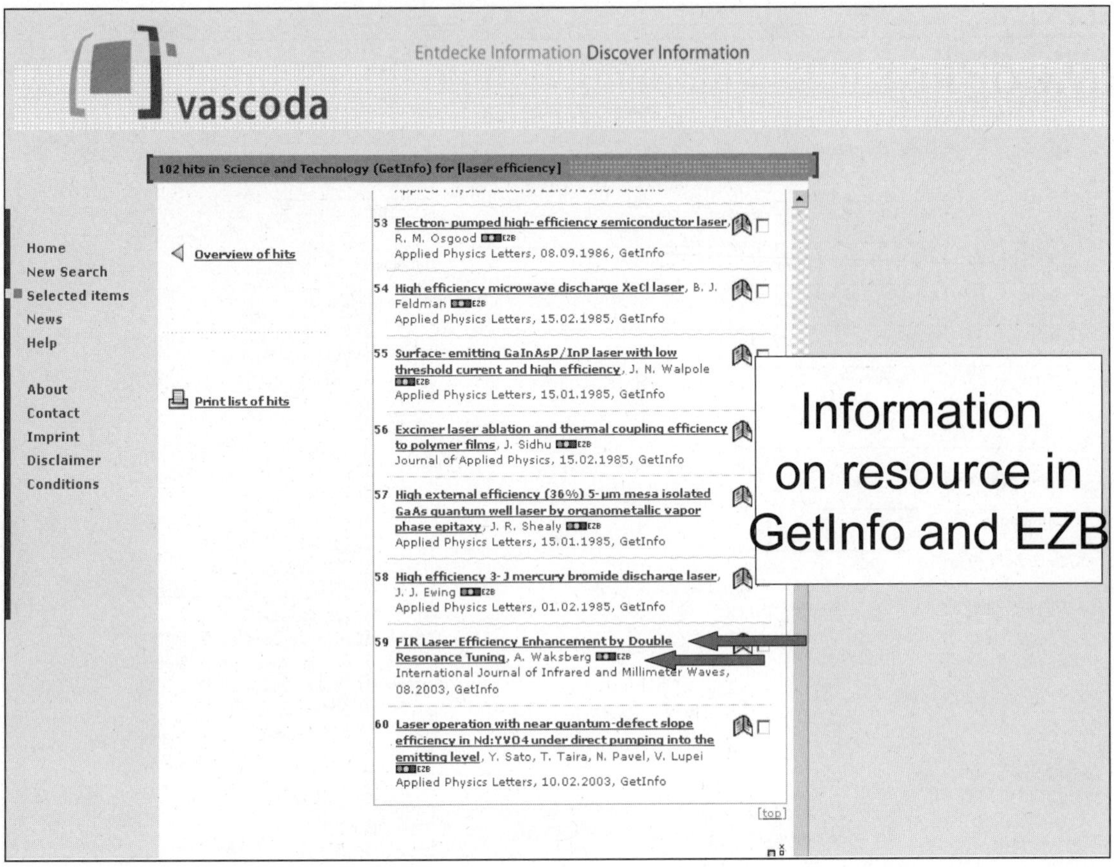

Individual subject portals

- Offer access to information and documents relevant for research in a specific field of study
- Integrate searching and the delivery of documents
- At the moment, most individual Virtual Libraries have different subsections for searching different collections.
- In the long run, the aim is to offer search engines which will be able to search different data-collections at the same time.

38

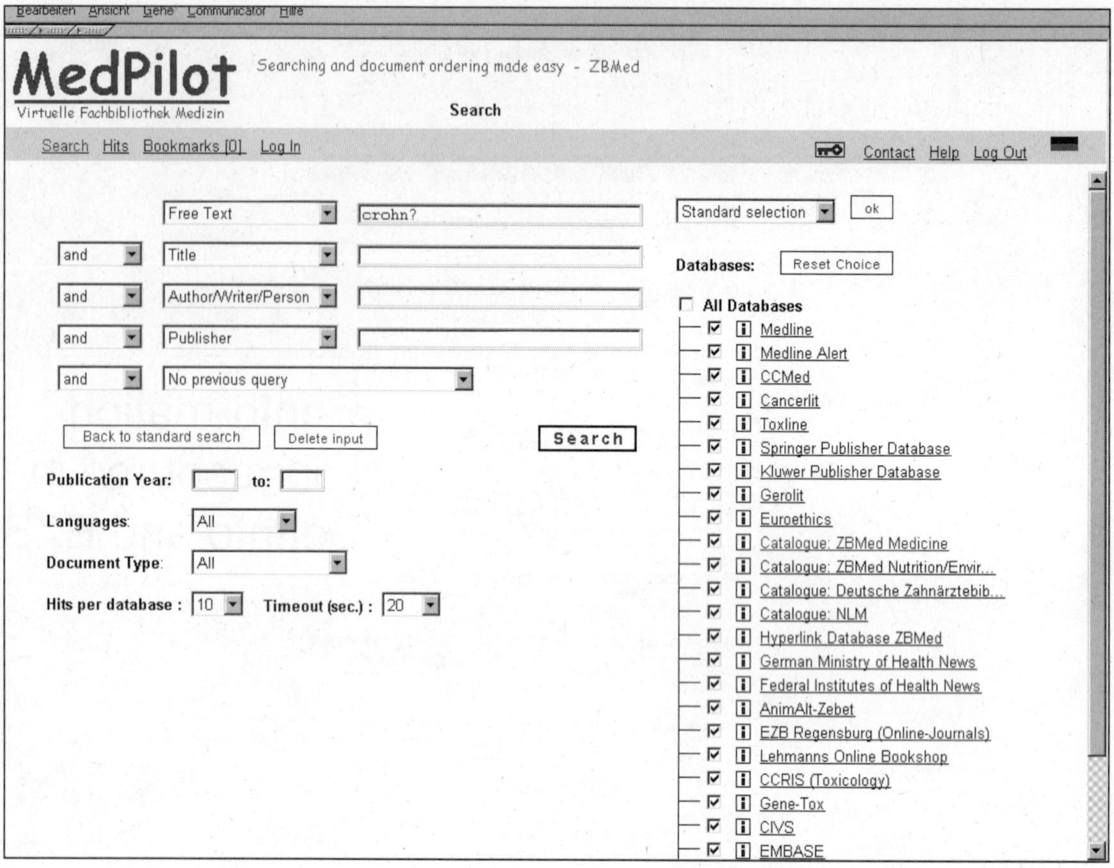
MedPilot
Virtuelle Fachbibliothek Medizin
Searching and document ordering made easy - ZBMed
Search
Search Hits Bookmarks [0] Log In
Contact Help Log Out
Free Text crohn?
and Title
and Author/Writer/Person
and Publisher
and No previous query
Back to standard search
Delete input
Search
Publication Year: to:
Languages: All
Document Type: All
Hits per database: 10 Timeout (sec.): 20
Standard selection ok
Databases: Reset Choice
All Databases
Medline
Medline Alert
CCMed
Cancerlit
Toxline
Springer Publisher Database
Kluwer Publisher Database
Gerolit
Euroethics
Catalogue: ZBMed Medicine
Catalogue: ZBMed Nutrition/Envir...
Catalogue: Deutsche Zahnärztebib...
Catalogue: NLM
Hyperlink Database ZBMed
German Ministry of Health News
Federal Institutes of Health News
AnimAlt-Zebet
EZB Regensburg (Online-Journals)
Lehmanns Online Bookshop
CCRIS (Toxicology)
Gene-Tox
CIVS
EMBASE

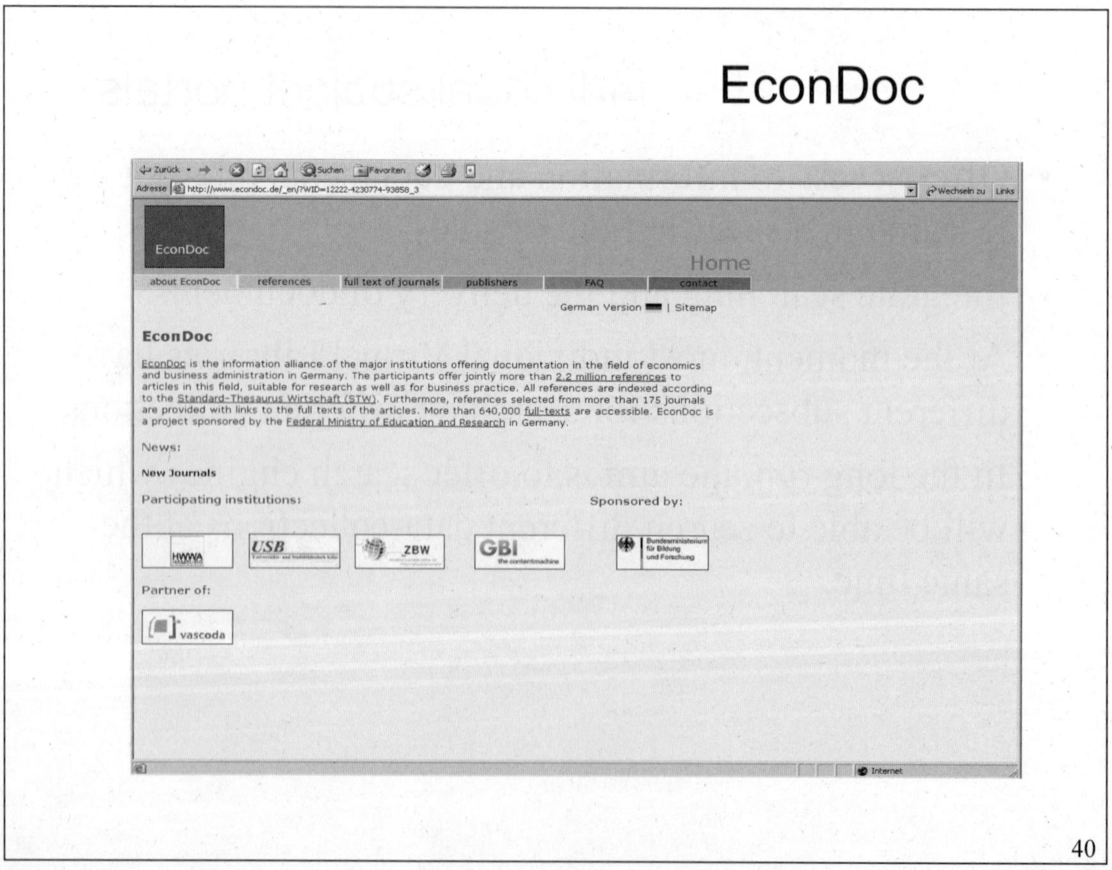
EconDoc
EconDoc
Home
about EconDoc
references
full text of journals
publishers
FAQ
contact
German Version | Sitemap
EconDoc
EconDoc is the information alliance of the major institutions offering documentation in the field of economics and business administration in Germany. The participants offer jointly more than 2.2 million references to articles in this field, suitable for research as well as for business practice. All references are indexed according to the Standard-Thesaurus Wirtschaft (STW). Furthermore, references selected from more than 175 journals are provided with links to the full texts of the articles. More than 640,000 full-texts are accessible. EconDoc is a project sponsored by the Federal Ministry of Education and Research in Germany.
News:
New Journals
Participating institutions:
Sponsored by:
Partner of:
vascoda
40

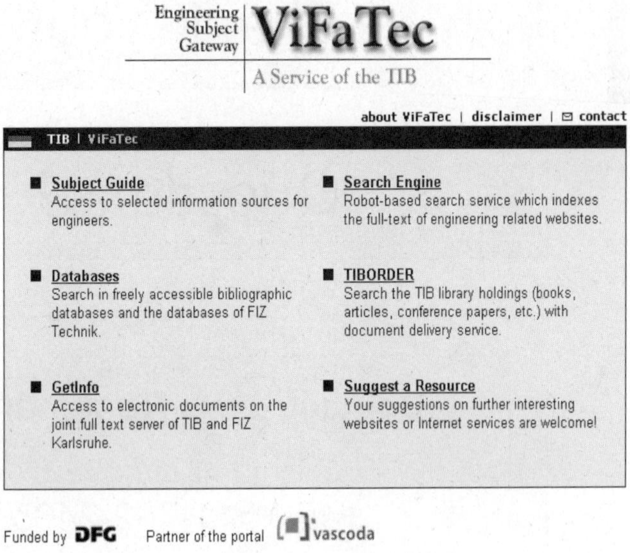

41

Outlook

- True one-stop-shop with excellent services
- Nucleus of the German Digital Library

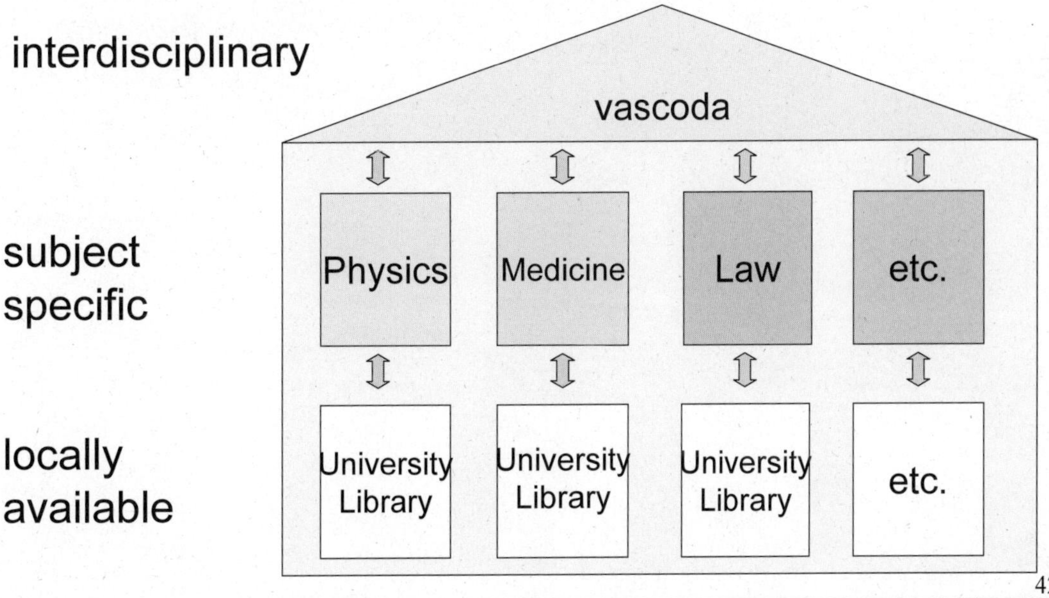

42

Thank You!

Questions?

Contact: Uwe Rosemann

Uwe.Rosemann@tib.uni-hannover.de

+49 +511-762-2405

質疑応答

【逸村 裕】

それでは，質疑応答を始めます。事前に何件か質問をお寄せいただきました。関連する追加の質問等がございましたら，フロアーの方からも挙手の上，ご所属とお名前を言っていただきご質問をお願いいたします。

最初の質問は講演者全員への質問です。ジャクソンさんが今後20年はILL/DDのニーズがなくなることはないだろうとお話をされましたが，20年という予測の根拠についてお話を伺いたい，ということです。では，ジャクソンさんからお願いいたします。

【メアリー・E・ジャクソン】

20年というのはあくまで私の推測にすぎません。科学的な根拠に基づいたものではありません。どこで利用者が資料を必要としており，またどのように資料を探しており，そしてその資料はいつの年代のものか，といったことに関する私の印象に基づいています。また，私たちの多くがあと何年図書館で働いているかという観点も踏まえた推測です。

【マット・フレガー】

私はもう少し慎重に，あと5年と申し上げたいと思います。ドキュメント・サプライ市場がどこに向かっているのかを理解するのは大変難しいことです。3つの講演を通じてわかることは，多くのことが変化しており，それが何らかの影響を市場に与える可能性があるということです。しかし，私が確信しておりますのは，論文情報への現在の需要は現実に増加しているということです。つまり，ドキュメント・サプライ市場は変化しており，人々が情報を発見する方法も変化しているということです。したがって，今後も私たちの役割はあるでしょう。しかし，講演の中でお話しましたように，それは例えば英国図書館，またはスビトが情報連鎖の中において果たす役割を定義することにほかなりません。したがって，20年という時間を考えれば，英国図書館の役割は今日のものとは大きく変わっているでしょうが，しかしなお，情報連鎖の中で一定の役割を果たしているだろうと思います。

【ウーヴェ・ローゼマン】

答えは5年と20年の中間にあるのではないかと思います。20年経っても現在のビジネスモデルに問題が起こらないとは思いません。もっともその頃には私は退職していますが。文献にはある程度，独自の将来がありますが，時間とともに重要性を失っていくのではないかと思います。私たちは本物の電子サービスを完成させなければなりません。それがスビトの戦略です。しかし，私たちは電子的形態ではない資料も常に持ち続け，一定程度，文献を必要とすることになるでしょう。私は，我々のビジネスモデルは10年だと思います。

【逸村 裕】

なかなか難しい話ですが，次の質問に行きます。これは複数の方から質問が出ているものです。特に，フレガーさんとローゼマンさんに対する質問です。BLDSC と subito では，文献が電子化されたファイルの形で利用者に提供されますが，サービスを提供した後にファイルを保存するのかしないのか，保存する場合にはどのように保存されているのか。また，図書館経由で依頼した場合にもエンドユーザーに論文の電子ファイルそのものを提供することはあるのかどうか。その 2 件です。

【マット・フレガー】

現時点では，私たちが持っているどのシステムを使うにしても，デリバリーのためにスキャンしたコピーを保存することは認められていません。したがって，研究者から申し込みがあるたびに雑誌から論文をスキャンしています。スキャンして作成した PDF を私たちのサーバから 14 日間ダウンロードできますが，そのコピーは保持しません。興味深いことに，まさにこの問題について，私たちは待合室でコーヒーを飲みながら議論したことがあります。BL では，所蔵資料の中の特定の論文に対して複数の需要がどれぐらいあるのかを検討したことがありますが，その時にわかったことは，実際に古い資料に対して繰り返し需要があることは極めて少なく，したがってそうした論文のファイルを保存することはあまり効率的ではないように思われるということです。しかし，ある出版社の特定のタイトルについては，明らかに繰り返し需要があります。特定個人の特定の論文には，確かに口コミで広がるものもあるのです。

しかし，残念ながら現時点では，スキャンしたファイルの保存を認めるようなライセンス契約は行っていません。講演の中で簡単にお話しましたが，私たちの戦略は，より多くのデジタル資料のライセンスを得て所蔵し，その都度スキャンしなくてもよいようにすることです。私たちは現在 3,400 タイトルをライセンスを得て所蔵しています。

【ウーヴェ・ローゼマン】

フレガーさんの答えと同じです。技術情報図書館では 1 日に 15,000 ページをスキャンしています。これはスビトではなく，技術情報図書館での話です。スキャンし送付した後には，著作権の理由から常にファイルを削除しなければなりません。スキャンした論文を保存することは認められていません。

論文をスキャンし保存するというモデルは，通常，経済的観点から合理的ではありません。なぜなら，その論文を見つけるためには索引を作成しなければならないからです。これが問題なのです。論文を見つけるためには高品質の能力が必要ですが，これは，人を雇ってもう一度スキャンするよりももっとコストがかかります。したがって，将来性はありません。もちろん，古い資料で将来的にも関心が持たれるであろう主題のものをデジタル化することは考えなければなりません。また時には，出版社と交渉してスキャンした論文を保存する必要がある場合もあるでしょう。将来的にはデジタル化が進むでしょうが，スキャンした資料をすべて保存するモデルを構築しようとすることは合理的ではないでしょう。

【メアリー・E・ジャクソン】

米国法もまた不明瞭です。スキャンされた画像を保存できるかどうかは明確ではないといわざるを得ません。研究図書館グループによって開発されたArielにはそうした機能がありますが，しかし，法的に問題になる懸念があるため，図書館では保存していません。理由は既に述べたとおりです。国立医学図書館は繰り返し依頼のあった件数を調査し，同一論文に複数の依頼が来ることは非常に少ないことがわかりました。したがって，保存することは経済的ではなく，もう一度スキャンし直すほうが安く費用対効果が高いのです。

【逸村 裕】

日本の状況について講演者の方々に説明をしておきますと，今年から大学図書館間での電子的な送信に関しては認められるようになりました。しかしそれを利用者に渡す時は紙に印刷して渡さなければいけないし，元のファイルも捨てなくてはいけないことになっています。この件に関してフロアーの皆様から更に補足的な質問はありますでしょうか。

【山口 和之（国立国会図書館）】

国立国会図書館の山口です。先程のフレガーさんのお答えでは，現在は例えば24時間以内に提供ができるけれども，将来は数時間の内に提供できるようになるということでした。それは要するに，作業がとても速くできるようになるからだと理解してよろしいのでしょうか，それとも，先程言われたように，何らかの努力によって電子的に保存ができるようになった結果，数時間で提供ができるようになるということなのでしょうか。

【マット・フレガー】

大変いい指摘です。確かに，私たちが既に実現した効率性のいくらかは，BLが所蔵する3,400タイトルに及ぶ電子ジャーナルのおかげです。所蔵資料を検索しスキャンするものがある一方で，ボーン・デジタルの資料が今後増えていくでしょう。それらの方法を組み合わせることになるでしょう。新しい資料うをより早く送付することと，古い資料のために現在の手順を残すことが，トレードオフの関係になるのではないか，と思います。

期待される時間に関して私が申し上げたかったのは，私たちが実際にその時間内に提供できるかどうかということもありますが，それが今や利用者に求められているということです。先ほど私は5年後のお話をしました。私は現在インターネットを利用できる環境にあります。何かを買おうとする場合に，それを持っていなくて，しかもそれが電子的に購入できるのであれば，私は 1 時間と待つことができないでしょう。利用者の期待はそうした水準にまで高まるだろうと思います。ボーン・デジタルの資料をより多く提供できるようになればなるほど，提供に要する平均時間に大きな影響を与えることになるでしょう。

【山口 和之】
ありがとうございました。

【逸村 裕】
よろしいでしょうか。技術動向と法律的動向がどうなるかということと，利用者等からの圧力の問題であると思います。それでは次の質問にまいります。フレガーさんに対する質問です。英国の学術情報政策の中で英国図書館と大学図書館の ILL/DD における役割分担はどのように位置付けられているのでしょうか。

【マット・フレガー】
講演の中で，英国図書館は国内の 147 大学と大変密接に連携していることをお話しました。私たちは ILL フォーラムやコミュニティ・ミーティングを年 2～3 回程度開催して，大学図書館員と関心やベスト・プラクティスの共有を図っています。

ある大学では ILL システムの経済性について調査を行いました。こうした調査をもっと多くの図書館が行うべきだと私は考えています。特に，英国の多くの大学では－米国でも同じかもしれませんが－，ILL を行っても，サービスを提供するためにかかるすべての費用を十分に分析していない，あるいは分析したとしてもすべての費用を包含していません。将来的には，英国図書館と大学がもっと緊密に連携して，より効率的な研究ネットワークを英国全体に提供するようになることを望んでいます。現時点では，英国全土の多くの大学の中に，多くの ILL 部門があり，また英国図書館があるという状況です。私たちは緊密に協働しています。しかし，先ほど言及した大学では ILL の経済性を調査し，図書館機能をひとつ削減することを選択したのです。これは図書館員にはあまり評判がよくないことかもしれませんが，その図書館は英国図書館の inside データベースを利用することにし，注文した論文のすべてについて著作権料を支払うという試みを始めました。

英国内で，我々が大半の高等教育機関に対して提供しているサービスは，「図書館特典サービス（library privilege)」と呼んでいるものです。このサービスでは通常の料金に比べて価格が大変低く抑えられており，また，図書館は著作権料を支払いません。しかし，先にあげた大学の場合は，著作権料の支払いとサービスレベルに応じた料金の減額を選択しました。これは経済的にうまくいきました。なぜなら，著作権料を支払っているため，大学にとっては管理の必要がなく署名すべき宣誓書もないからです。

このモデルはすべての英国高等教育機関に適用し得るのではないかと思います。これはつまり，全体として英国の研究プロセスにはまだ効率化の余地があるということの現れではないかと思います。そして，英国図書館と英国の高等教育機関の予算を措置している組織は，両者がより密接に協働し，予算以上の価値（value for money）を作り出すことを望んでいるでしょう。

実際，英国図書館と大学図書館とは大変密接に協働しています。そして更に緊密に協働することができると思います。その一例ですが，英国図書館はリーズ大学のジャン・ウィルキンソン（Jan Wilkinson）を新しい高等教育部長として任命しました。我々の館長もリーズ大学にいました。このように，私たちは大学との関係をさらに前進させていくことを望んでいます。

【メアリー・E・ジャクソン】

過去数十年にわたって分散型のILLが主流であった米国の見方を追加させてください。私が言及したILL調査では250以上の図書館を集計して借受・貸出業務の費用とその効果を見ることができます。

米国では，多くの部分を互助互恵の考え方に基づいて運営しています。つまり，図書館は，課金なしで依頼を行う一方，他の図書館からの依頼にも課金しないことを選ぶのです。いわば無料のILLです。実際にはお金がかからないわけではないのですが，料金が科されることはありません。60～70%の依頼はこうした互いに課金しないという申し合わせのもとで処理されていますので，ドキュメント・サプライヤより図書館を使ったほうが費用対効果が高いと図書館は考えています。調査によれば，借受業務も貸出業務も費用，処理時間，充足率において大変大きな幅があることがわかっています。図書館はドキュメント・サプライヤの中で最も費用がかからない提供者ですが，図書館もおそらく料金や費用のうち何らかの部分を回収しているのでしょう。しかし，すべてを回収しているわけではありません。なぜなら，図書館はサービスを提供したいと考えているからです。ILLはビジネスというよりもサービスとして捉えられているのです。

各図書館は自らがどれだけ支出しているかを調べ，それが他の図書館から費用負担なしで受けているサービスと見合うものかどうかを調べています。状況は非常に複雑ですが，高い料金を支払って商業的なサプライヤを利用するよりも，他の図書館と資源を共有する方が望まれています。

【ウーヴェ・ローゼマン】

ドイツの視点から簡単に発言したいと思います。状況は英国と似ています。ドイツには英国図書館のような役割を担っている国立図書館はありませんが，スビトとヴァスコーダがあります。しかし，ドイツ国内のすべての図書館関係者がスビトとヴァスコーダを好ましく思っているわけではありません。なぜなら，自らのサービスを失うことを恐れているからです。

ドイツの多くの図書館では予算が削減され，雑誌や図書の購読を中止しなければならなくなっていますので，情報の供給は集中化されつつあります。ここにドイツの学術図書館政策上の大きな戦略的問題が生じています。大学政策は連邦の所掌ではなく，各州の所掌なのです。したがって，物事が急速に変化することは期待できません。これはつまり，近々に集権的な組織ができることはないだろうということを意味しています。

【逸村 裕】

次に，フレガーさんへの質問です。英国の保存図書館に指名されている大学図書館では英国図書館の ILL スタッフを引き上げられてしまったため，混乱が生じていると聞きました。これは英国図書館の ILL/DD サービスのリエンジニアリングに関係しているのでしょうか，という質問です。質問者から補足をお願いします。

【酒井 由紀子（慶應義塾大学）】

慶應義塾大学の酒井由紀子と申します。英国のある大学図書館で，ILL のスタッフを英国図書館から引き上げられたということを聞いたことがあります。それまでは保存図書館に指名されていたので英国図書館から ILL のスタッフがやってきてバックアップの ILL サービスのために働いていたらしいのです。これは英国図書館がリエンジニアリングを行って，自らの所に集中的にサービスを持ってきたということの現れなのでしょうか。

【マット・フレガー】

確かめてみないとすぐにはわかりません。私の知る限りではそのような政策決定はありません。よろしければ確認してご連絡します。

【酒井 由紀子】

ありがとうございます。１つだけ確認なのですが，先ほどの質問へのお答えにあったように，あくまでも英国図書館と大学図書館は ILL，あるいはドキュメント・デリバリーについては協力関係にあるということでよろしいですか。

【マット・フレガー】

そのとおりです。私たちは高等教育のために新しい投資を行いました。英国の高等教育へのサービスについて，私たちはかつてなかったほどに積極的になっています。高等教育部門の新部長は英国図書館と大学図書館の間の掛け橋を掛けなおす必要はありません。壊れていないからです。しかし，これまで築き上げてきたパートナーシップをより強固にするためになすべきことはたくさんあります。
このように，私たちは高等教育界と密接につながっています。私たちの使命は，蔵書をできるだけ幅広く多くの利用者に提供することですが，英国内の想定利用者の大半は，高等教育機関，継続教育機関，公共図書館やビジネス界の人々です。私たちは英国内の大学と強力かつ積極的に協働していかなければならないでしょう。

【酒井 由紀子】

ありがとうございました。

【逸村 裕】

それでは次にジャクソンさんへの質問です。図書館員が介在しない ILL（user-initiated ILL）についてですが，1つは，利用者が申込書を書く際に，利用者自身がミスをした場合はどうするのか。同様に，学内に所蔵されている資料を利用者が知らずに外部に依頼するケースがあると思いますが，その辺はどうなのでしょうか。

【メアリー・E・ジャクソン】

利用者の視点からみれば，正しい資料を見つけています。図書館員の視点からみれば，その資料は最善のものではないかもしれません。しかし，図書館員が介在しない ILL システムの多くでは，利用者は総合目録を検索し，特定のタイトルを同定し，これが私が欲しい資料だ，と言うでしょう。そして，システムで依頼します。利用者の地元の図書館において資料が所蔵されている場合には ILL の依頼ができないようにするソフトウェアもありますが，地元の図書館の書架に資料があるにも関わらず，ILL の依頼が可能なソフトウェアもあります。図書館員が介在しない形の ILL の処理費用は安く，スピードも速いため，これに携わっている図書館員は次のように言っています。図書館で所蔵している資料を依頼しても，現在使っているソフトウェアではそれが可能であるし，また，処理に 17，18 ドルかかるわけではなく，2 ドル程度しかかからないのだからかまわない，と。

図書館員が介在しないシステムを使って資料を求めている利用者は処理時間を知っています。1 日または 2 日です。そして，利用者は，階段をあがって書架から資料を取り出せばすぐに手に入るけれども，1 日，2 日なら待つことをいとわないと自ら納得しているのです。それくらい処理時間が短ければ，利用者は待つことができるのです。

正しい資料を注文するか否かは利用者次第です。適切な資料を利用者に知らせるために，図書館員にはいろいろとできることがあるだろうと思います。しかし，最後には，利用者は次のように言うでしょう。これでいいのです。私の研究に役に立つのです。これが私が依頼したかったものなのです。地元の図書館に所蔵されているかどうかを検索して探すよりも，こうして注文するほうがよほど便利なのです。これが図書館員の心配であり，克服しなければなりません。

【逸村 裕】

他の先生方は何かコメントがありますか。

【ウーヴェ・ローゼマン】

恐らく，自らが属する図書館を使うよりもDDSを使うほうが効率的なこともあるでしょう。ドイツでも同様の経験をもつ利用者がいます。

【メアリー・E・ジャクソン】

私が聞いた話を付け加えさせてください。科学的には証明できませんが，内容に差はないのに，図書館に所蔵されているものよりも，所蔵されていないものを意識的に注文する人がいます。なぜなら，そうすれば利用者に電子的に送付されるからです。こうしたことは特に翌朝に課題の締切を抱えた学部学生にあることです。

【山口 和之】

国立国会図書館の山口です。ローゼマンさんの講演の中では，サービスの対象が学術図書館，学術機関の利用者というように，図書館サービスのカテゴリーで限定されていました。これは例えば，他の国の機関においてもILLの主な対象は学術研究者だと考えるためでしょうか。

先程のジャクソンさんのお話の中では，例えばPubMed Centralは，学術研究者というより，むしろ一般の人たちがどんどん利用するようになっているということでした。フレガーさんのお話でも企業に属さない，あるいは大学に属さない，ナレッジワーカーという人たちが，利用者になってくるのではないかという指摘がありました。そもそもILLの対象は，古典的には，学術研究機関，つまり大学等が対象になっているのかもしれないのですが，それはこれから変わって行くということなのでしょうか。それとも，ILLという枠組みの中では，既に学術研究機関という枠組みがあるということなのでしょうか。

【逸村 裕】

これは大きい質問なので，ローゼマンさんだけではなく全員に答えていただきましょう。

【ウーヴェ・ローゼマン】

今後ともILLサービスは学術機関のためのものだと思います。企業が安価なILLサービスを利用するという可能性はないと思います。もちろん，企業のためにそれ以外のサービスがあるはずですし，また実際にあります。ドイツでは著作権法のために，企業が学術機関のように図書館サービスを利用することはできません。つまり，ILLは学術利用者のためのものなのです。

【マット・フレガー】

私はILLの定義如何だと思います。英国図書館の職員は英国図書館の活動すべてをILLと呼んでいます。私たちが組織として行っていることがILLと定義されるのであれば，私たちは多くの機関に対して ILL を行っています。しかし，私たちの顧客層は大変広く，顧客層ごとに異なるルールを適用しています。私がナレッジワーカーに言及したのは，そこに需要があり，ターゲットとなる顧客だと思われるからです。私たちの顧客層の基礎は学術界であるとともに商業界，そして海外です。海外は学術界よりも商業界のほうが強いです。しかしトレンドはエンドユーザー志向，コンテンツを直接にという流れです。私たちは伝統的な ILL が行われている学術サークルであれ，営利機関の図書館員のサークルであれ，図書館員と協力してエンドユーザーにできるだけ効率的にサービスを提供していきたいと思っています。各図書館のエンドユーザーは私たちのエンドユーザーでもあるのです。

【メアリー・E・ジャクソン】

米国では，ILL の定義は伝統的に 2 つの図書館間の貸借を意味します。それは公共図書館同士であったり，公共図書館と学術図書館，専門図書館と公共図書館，医学図書館と専門図書館間であったりします。米国内の ILL の大変大きな部分を学術図書館が占めていますが，学術図書館だけではありません。このように ILL は 2 つの図書館間のサービスであり，その利用者は独立した研究者や 退職者，年金生活者，高校生，小学生であることもあります。学位授与プログラムに加わっている人だけではありません。

それは術語の問題だろうと思います。一連のサービスをどのように呼ぶべきか答えを見つけようとしてきましたが，米国では ILL という言葉を使い続けています。なぜなら，著作権法では ILL であれば図書館がコピーを共有することを認めているからです。私たちが ILL と呼ぶのをやめドキュメント・デリバリーと呼び始めると，私が先に言及したような大規模商業出版社は，著作権法はそうした活動を認めていない，あなたたちが ILL と呼んでいないからだ，と言い始めるでしょう。したがって，私たちは一連の活動に付けるラベルのことで苦労しているのですが，私なりに言えば，地元の図書館に所蔵されていない情報を必要としている人のためのサービスのことを指すのだろうと思います。

【ウーヴェ・ローゼマン】

誤解されるといけませんので，補足します。ILL は定義上，学術利用者のためのサービスです。もちろん，私たちは商業利用者のためのサービスも行っています。その 90%は企業の利用者です。それは ILL とは呼びません。商業利用者に対する直接的な DDS です。私はこれら 2 つを分けて考えています。商業的な利用者にサービスしていないわけではないことを述べておきたいと思います。

【マット・フレガー】

すいません，私が言おうとしたのはそこに市場の機会があると思うということなのです。

【山口 和之】

再度，ジャクソンさんにお伺いします。図書館と図書館の間の関係について ILL という言葉で定義するということであれば，例えば営利企業の図書館についても当然図書館であれば図書館と図書館の間になると思われます。その場合も ILL という言葉が米国では使われていると理解してよろしいでしょうか。

【メアリー・E・ジャクソン】

営利図書館から学術図書館への依頼もあり得ます。米国著作権法では，学術図書館が一定の条件のもとでそうした依頼を受けることが認められています。例えば，その図書館が一般に公開されているということです。そうした条件のもとでは，学術図書館は著作権料を支払うことなく依頼を受けることができます。なぜなら大学に属していない個人の利用も認めているからです。依頼している図書館が商業会社や営利機関の場合には，基本的には著作権法の規定は適用されません。

次に，学術図書館から営利企業の図書館へ依頼するという逆の例を考えてみたいと思います。まず，私が，企業図書館に資料が所蔵されていることを見つけたとします。私はその企業図書館へ依頼を送ります。企業図書館は，著作権料を支払う場合に限って，その依頼を受けることができます。なぜなら，関係のない個人が来館利用するのを認めている企業図書館はないからです。競争の観点から，私が企業図書館を来館利用するのは事実上あり得ません。したがって，そうした条件のもとでは，企業図書館は学術図書館からの依頼を受けることはできますが，コピーライト・クリアランス・センターに著作権料を支払わなければなりません。そうしたものについても，私は ILL だと見なしています。つまり，ILL には著作権料を支払っていないものもあれば，支払っているものもあるということです。しかし，企業図書館への依頼者の立場から見れば，それは ILL なのです。ドキュメント・デリバリーだという人もいるかもしれませんが，いずれにしてもこれは術語の問題であり，一貫した使われ方はなされていません。

【逸村 裕】

どうでしょう。日本の場合でも非常に微妙なところがあるのですけれども。

【山口 和之】

日本の場合ですと，例えば企業の図書館の間で専門図書館の協会みたいなものが存在していて，その間で協力みたいなものが行われている場合もあると思うのですが，米国においてはそういうものはないということなのでしょうか。

【メアリー・E・ジャクソン】

米国には専門図書館協会があり，そこには経営大学院の図書館や企業図書館，小規模な独立図書館が加盟しています。しかし，協会は図書館そのものというよりは個人のためのものであって，協会内でドキュメント・デリバリーや ILL の要求があるわけではありません。したがって，もし私が製薬企業の図書館に勤めていれば，専門図書館協会の会員になり，そこで資源共有に関心をもつ他の製薬企業図書館員を見つけて ILL/DD をお願いするかもしれません。しかし，それはその人個人にお願いをしたのであって，専門図書館協会にお願いしたのではありません。専門図書館協会に加盟している専門図書館間の ILL/DD はこのような形で行われています。

【山口 和之】
ありがとうございました。

【逸村 裕】
Google の影響についてご意見をお伺いしたいと思います。ジャクソンさんが触れていましたが，OCLC とのいわゆる Open WorldCat プロジェクト，これと ILL に関してはどのような関係があるというふうにお考えでしょうか。ILL は増えるのか，増えるとしたらユーザー・イニシアティブな話になって，その時に図書館の役割はどうなるのでしょうか。

【メアリー・E・ジャクソン】
WorldCat の所蔵レコードを提供するという OCLC のパイロット・プロジェクトは Yahoo!のほうが進んでいます。Google との議論はもっと初期の段階にあります。Yahoo ではすでに検索することができます。Google でもそうなるでしょう。もし，私がドキュメント・デリバリーに関する話題を探しているとすれば，Yahoo!か Google を検索すると検索結果が現れます。そのリストの中に「図書館で見つける（Find It In Your Library）」というリンクがあるでしょう。それは私が書いた本かもしれませんし，他のパネリストが書いた論文かもしれません。いずれにしても，Yahoo!のパイロット・プロジェクトでは，利用者がそのリンクをクリックすれば，所蔵している最寄の図書館のリストが現れます。検索が行われた IP アドレスなどから Yahoo!は最寄の図書館を判断します。したがって，私がメリーランド州にいるということがわかる何らかの方法があり，私がリンクをクリックすれば最寄の図書館が表示されるのです。このパイロット・プロジェクトが進めば，メリーランド州の最寄の図書館をクリックすれば，図書館の目録が検索されてその資料が利用可能かどうかがわかるようになるでしょう。図書館の目録に導かれて，その資料を予約したいのか，あるいは ILL の依頼をしたいのかといったことをたずねられるでしょう。

この「図書館で見つける」が完成したら，利用者はこちらを選ぶでしょう。リンクをたどっていくだけで話題にしていた資料のフルテキストが手に入れられる可能性があると考えるととても簡単ですから。また，最寄の図書館が必要な資料を所蔵していないことがわかれば，図書館経由の ILL システム，現在では OCLC ILL システムですが，こうしたシステムへ依頼を出すことができます。最終的には，図書館を経由しない利用者主導のシステムへ移行することになるかもしれません。しかし，そのためには現在のソフトウェアを変える必要があります。図書館を経由しない利用者主導のシステムへの移行は，技術的には実現可能ですので，あとは政策的な問題ということになります。

5年後にはすべての利用者が最初の手段としてGoogleやYahoo!等を検索して図書館資料を見つけ，その全文やILL，DDS等の各種の図書館サービスへと導かれるという状況は大いにあり得ることであり，また，その量は増加していくでしょう。なぜなら，図書館の目録を検索するよりもGoogleを使うほうが簡単だからです。利用者が何を求めているのかによって動きが決まるのであって，図書館にとって何がよいかは関係ありません。私たちは，利用者がどのように図書館資料を見つけるのかについてやり方，考え方を変えなければなりません。それはGoogleかYahoo!またはその他の検索エンジンを通じてということになるでしょう。

【マット・フレガー】

私もまったく同感です。GoogleやYahoo!との協働を進めるOCLCのやり方を見て，大変感銘を受けました。私は講演の中で，Googleを無視するのは危険だということを強調しました。現段階ではGoogle Scholarはまだ検証試験中ですが，これは明らかに変化のメッセージだと言えましょう。フランクフルトのブックフェアで，Googleに言及していた人の数を考えれば，Googleは今後影響力のある存在になっていくのだろうと思います。ジャクソンさんの指摘はまったく正しいと思います。どの方向に進みたいのかを決めるのは顧客です。4つ，5つの検索エンジンごとに異なるコマンド言語を習得する時代は終わり，現在の若年層は単一のインターフェイスを求めています。

一夜のうちに実現するものではないと思いますが，これは重要な動きです。この業界に携わるすべての人々に対して，コンテンツを提供するためにどのように検索エンジンサービスと協働すべきかという問題を投げかけています。

【ウーヴェ・ローゼマン】

私も同感です。Googleは将来競合相手になるかもしれません。私は2つの戦略があると考えています。まず，私たちはGoogle Scholarよりも優れているにちがいない，というものです。特に商業的な利用者に対してはそうです。なぜ商業的な利用者に言及するかといいますと，商業的な利用者はGoogle Scholarを好んでいるとは思えないからです。商業的な利用者はGoogle Scholarのような手順で文献や情報を注文することを好みません。私たちはフルサービスという特別なサービスを提供しています。英国図書館も同様の考えをもっています。私たちが扱っているものには，ジャーナルの論文だけでなく，灰色文献や特許，規格などGoogleではすぐに探せないと思われる文献も含まれているのです。

もうひとつの戦略は，私たちも参画するというものです。つまり，Google Scholarのパートナーになるというもので，私たちは既にGoogleと接触しました。将来どのようになるかを今後見ていくことになるでしょう。

【メアリー・E・ジャクソン】
ここにいらっしゃる方の中には，Google がスタンフォード大学，オクスフォード大学，ミシガン大学，カリフォルニア大学バークレイ校と共同事業を行うという発表を聞いた方がいらっしゃると思います。これらの大学の蔵書はいずれも大規模で重要なものです。Google はこれらの大学図書館の蔵書をすべてデジタル化しようとしています。ただし，何年かけてデジタル化するかや著作権問題をどうするかなどについては回答がありません。しかし，Google は大変大規模で価値のある蔵書を有する図書館と対話を始めており，図書館のコンテンツを手に入れそれを検索可能にしようという意図を持っています。Google は，コンテンツをデジタル化することによってそれを成し遂げようとしているのです。Google が単にウェブページだけでなく，文献に着目しているというのは重要なシグナルです。

【逸村 裕】
私は大学で教えていますが，日本でも学生が OPAC に Google のような機能を要求するわけです。Google のようには探せず，手を焼いているのですが，非常に頭が痛い。
次に，ジャクソンさんが触れていらっしゃいましたが，機関リポジトリについてです。日本においても機関リポジトリをつくる動きがあります。既にいくつかの大学がつくっていますし，私が所属している名古屋大学でも動き出すことになっています。ジャクソンさんは明解なお答えをなさったわけですけれども，その他の方にお伺いしたい。機関リポジトリと ILL に関してどのようなお考え，あるいは可能性があると思っておられるのかをお聞かせいただきたいと思います。

【マット・フレガー】
とても興味深いことだと思います。図書館は現在様々な機会を求めています。ひとつの例として合同情報システム委員会（JISC）の英国の学位論文に関する提案を挙げることができると思います。集中的なリポジトリまたはリポジトリのネットワークを構築して，どの大学からでもどの大学の学位論文にもアクセスできるシステムを，英国高等教育界に提供しようとするものです。英国図書館も，この分野の提案を進めていくために多くのパートナーと協働し，成果をあげてきました。まだ記者発表はされていないと思います。この問題は学術・蔵書部長，または学術・蔵書局長からお答えすべきものだと思いますが，大変興味深く重要な問題です。

【逸村 裕】
どうもありがとうございました。それでは，時間となりましたので，これで本日のセミナーを終了いたします。改めて講師の皆様に拍手をお願いいたします。

図書館研究シリーズ　No.38
デジタル環境下におけるILL，ドキュメント・デリバリーとその運用基盤
定価：本体 2,000円（税別）

平成 17 年 11 月 30 日　発行

編集　国立国会図書館関西館事業部図書館協力課
〒619-0287 京都府相楽郡精華町精華台 8-1-3
電話 0774-98-1448　FAX 0774-94-9117

発行　社団法人　日本図書館協会
〒104-0033 東京都中央区新川 1-11-14
電話 03-3523-0811　FAX 03-3523-0841

JLA200537
ISBN 4-8204-0524-1　C3000　¥2000E